महाबली

असग़र वजाहत

राजपाल

₹ 250
ISBN : 9788194131823
पहला संस्करण : 2019, तीसरा संस्करण : 2025

MAHABALI (Play) by Asgar Wajahat
मुद्रक : जी.एस. ऑफसेट, दिल्ली

राजपाल एण्ड सन्ज़
1590, मदरसा रोड, कश्मीरी गेट, दिल्ली-110006
फोन : 011-23869812, 23865483, 23867791
e-mail : sales@rajpalpublishing.com
www.rajpalpublishing.com
www.facebook.com/rajpalandsons

भूमिका

महाबली लिखने का विचार सात-आठ साल पहले आया था। महाकवि तुलसीदास (1532-1623) के दो प्रसंगों ने आकर्षित किया था। उन्होंने 16वीं शताब्दी में विचार के लोकतंत्रिकरण का जो जोखिम उठाया था वह आज भी सराहनीय है। तुलसीदास के *रामचरितमानस* (1574-1576) लिखने से पहले रामकथा पर वर्ण विशेष का एकाधिकार था। रामकथा सबके लिए सुलभ नहीं थी। साधारण लोग रामकथा के आदर्शों और उसके संदेशों को जानने के लिए कथावाचक ब्राह्मणों पर आश्रित थे। तुलसीदास ने इस एकाधिकार को तोड़ दिया था। मध्यकाल में किसी धार्मिक एकाधिकार को तोड़ना कोई सरल काम न था। उन्होंने जिस लगन और निर्भीकता से यह जोखिम भरा काम किया वह प्रशंसा योग्य है।

तुलसीदास के प्रति आकर्षण का दूसरा कारण यह था कि उन्होंने राजसत्ता के साथ कोई समझौता नहीं किया। इसमें कोई संदेह नहीं है कि तुलसीदास के समकालीन मुग़ल सम्राट अकबर (1542-1605) को तुलसीदास के बारे में पूरी जानकारी थी। इसका सबसे बड़ा प्रमाण अकबर द्वारा जारी किया गया सोने का सिक्का 'राम टका' (1604-1605) था जिस पर राम और सीता का चित्र बना हुआ है। दूसरा प्रमाण यह कहा जा सकता है कि अकबर के नवरत्नों में से दो, अब्दुल रहीम ख़ानख़ाना और राजा टोडरमल तुलसीदास के मित्र थे। उनके माध्यम से निश्चित रूप से जिज्ञासु सम्राट को तुलसीदास और *रामचरितमानस* के बारे में जानकारी मिलती रहती होगी। सम्राट अकबर को अपने दरबार में प्रतिभाओं को जमा करने का शौक था। वह आज भी अपने नौ रत्नों के लिए जाना जाता है। नौ रत्नों के अतिरिक्त उसके दरबार

में अलग-अलग प्रकार के विद्वान, धर्मशास्त्री, कलाविद् और हर क्षेत्र की प्रतिभाएँ दिखायी देती हैं। ऐसी स्थिति में सहज ही यह अनुमान लगाया जा सकता है कि सम्राट अकबर ने महाकवि तुलसीदास को अपने दरबार में बुलाने की कोशिश की होगी। इतिहास में इस बात का कोई प्रमाण नहीं मिलता। लेकिन इसकी संभावना से इनकार नहीं किया जा सकता। नाटक में यह दर्शाया गया है कि सम्राट अकबर ने तुलसीदास को सीकरी बुलाया था और वे सीकरी नहीं गये। इस घटना के माध्यम से तुलसीदास और अकबर ही नहीं बल्कि राजसत्ता और कला के पारस्परिक द्वंद्व को उभारा गया है। तुलसीदास के सीकरी न जाने की बात के ऐतिहासिक तथ्य को काल्पनिक विस्तार दिया गया है। सत्ता और कला के संबंध सार्वभौमिक और शाश्वत हैं। संसार की अन्य संस्कृतियों में भी ऐसे कवि और लेखक रहे हैं जिन्होंने राजसत्ता का संरक्षण नहीं लिया या लेने से इनकार कर दिया। नाटक में राजसत्ता और कला के संबंधों को प्रमुख रूप से उजागर किया गया है।

महाबली नाटक के दोनों विषय—विचार का लोकतंत्रिकरण और राजसत्ता तथा कला के संबंध—आज भी हमारे लिए महत्त्वपूर्ण हैं। उनकी समसामयिकता से इनकार नहीं किया जा सकता। इस तरह *महाबली* नाटक का कथानक 16वीं शताब्दी का होते हुए भी समकालीन है।

कथानक को विस्तार दिया गया है। इतिहास में इसका कोई प्रमाण नहीं है कि कभी तुलसीदास और अकबर की भेंट हुई थी। लेकिन राजसत्ता और कला के पारस्परिक संबंधों पर विस्तृत चर्चा करने के लिए यह आवश्यक था कि दोनों की भेंट कराई जाए। सपने या कल्पना में तुलसीदास और अकबर एक-दूसरे से मिलते हैं। यह नाटक का अंतिम दृश्य है। इस दृश्य में ही राजसत्ता और कला के संबंधों की जटिलताओं को सामने रखा गया है।

नाटक के सभी प्रमुख पात्र बहुत जाने-पहचाने पात्र हैं। तुलसीदास भक्ति, समर्पण, भावनात्मकता, विद्वत्ता और कल्पना के धनी थे। राम के प्रति उनका समर्पण अद्वितीय था। उनका अभिनय करने वाले पात्र को लगातार कल्पना और यथार्थ के बीच आवाजाही

करनी होगी। एक ओर तुलसी भक्ति और समर्पण के अथाह सागर में डूब जाते हैं तो दूसरी ओर बड़ी सतर्कता से विसंगतियों का संयोजन करते हैं। उनके व्यक्तित्व में बहुत लचीलेपन के साथ-साथ बहुत दृढ़ता भी है। वे अपने काम को बिना किसी बाधा के पूरा करने के लिए दुष्टों तक की स्तुति करते हैं पर दुष्ट तुलसीदास का विरोध जारी रखते हैं। अत्यधिक विरोध होने तथा जान पर ख़तरा हो जाने के बाद भी उनकी प्रतिबद्धता, भक्ति और बल में कोई कमी नहीं आती। सहजता और सादगी उनकी विशेषता है। उनके संवाद खड़ी बोली में ही हैं पर उस पर हल्का-सा अवधी का रंग चढ़ाने की कोशिश की गई है।

मुग़ल सम्राट अकबर एक विलक्षण व्यक्ति था। अक्षर ज्ञान न होने और विधिवत् शिक्षा प्राप्त न कर पाने के कारण उसकी प्रतिभा मौलिक दिशा में आगे बढ़ गई थी। पुस्तकों से अधिक वह सामान्य ज्ञान पर विश्वास करता था। तर्कसंगत और ऐसे तथ्य ही उसे प्रभावित करते थे जो प्रमाणित किये जा सकें। अकबर का व्यक्तित्व प्रतिभा और जिज्ञासा से भरा हुआ था। वह अपने आपको महाबली कहलाना पसंद करता था। नाटक *महाबली* नाम का यही आधार है। लेकिन नाटक के अंत तक आते-आते यह विवाद का विषय बन जाता है कि महाबली कौन है। अकबर महाबली है या तुलसीदास। नाटक इस प्रश्न का उत्तर भी देता है।

दूसरे प्रमुख पात्रों में अब्दुल रहीम ख़ानख़ाना और टोडरमल हैं जो यह जानते हैं कि तुलसीदास सीकरी क्यों नहीं जा रहे हैं। लेकिन सम्राट के आदेश का पालन करने के लिए वे लगातार तुलसीदास को प्रेरित करते रहते हैं। उनके चरित्र में यह अंतरविरोध बहुत स्पष्ट रूप से चित्रित होना चाहिए।

तुलसीदास का विरोध करने वाले पात्र एकांगी पात्र हैं। वे दृढ़ता से अपने विश्वासों पर जमे हुए हैं और कभी भी किसी भी तरह संदेह को कोई जगह नहीं देते। भोला पंडित नाम का पात्र सदा व्यंग्य करता रहता है। उसे अधिक जीवंत बनाने के लिए पान खाने का शौकीन दिखाया गया है।

नाटक में गायन और संगीत का विशेष महत्त्व है। दृश्यों के साथ इसका संयोजन कलात्मक ढंग से किया जाना चाहिए।

मध्यकालीन कविता पर मेरा कोई विशेष अध्ययन नहीं है। *महाबली* लिखने की प्रक्रिया में कई मित्रों और विद्वानों से सलाह-मशविरा किया है, जिनका आभारी हूँ। इस संबंध में वाराणसी की यात्रा भी करनी पड़ी। बहुत से मित्रों ने सहयोग दिया विशेष रूप से प्रो. आशीष त्रिपाठी ने बहुत समय और सहयोग दिया।

13 जून 2019 **—असग़र वजाहत**

दिल्ली।

पात्र

तुलसीदास

सम्राट अकबर

अब्दुल रहीम ख़ानख़ाना

राजा टोडरमल

बिशन महाराज—घाट के मालिक

आचार्य चंद्रकान्त मिश्र—सनातनी पंडित

पंडित गंगाधर पांडे—शिव भक्त

पंडित त्रिभुवन दास—निराकार ब्रह्मवादी

रामू द्विवेदी

रामदीन

रामप्रसाद

अबुल फ़ज़ल

मुल्ला बदायूंनी

कमला देवी

बसंती

भोला पंडित (आचार्य चंद्रकान्त मिश्र—सनातनी पंडित का शिष्य)

रमाकांत—गुण्डा 1

गजाधर—गुण्डा 2

अन्य

महाबली
दृश्य–1
(दृश्य योजना)

(सोलहवीं शताब्दी के बनारस के कुछ दृश्य एक मोनताज (montage) के रूप में दिखाई देते हैं। सुबह का समय है। गंगा जी पर उगता हुआ सूरज और उसकी रोशनी में चमकते हुए घाट दिखाई देते हैं। शहर के अंदर के दृश्य सामने आते हैं। एक गली में तुलसीदास और उनके शिष्य रामू द्विवेदी जाते दिखाई देते हैं। उनके बीच कुछ बातचीत भी हो रही है जो बाज़ार के शोर–गुल में सुनाई नहीं दे रही। इन दोनों के पीछे कुछ दूरी पर एक बूढ़ी औरत, कमला देवी उनका पीछा करती हुई–सी लगती है। रामू द्विवेदी यह अनुमान लगा लेते हैं कि कमला देवी उन दोनों का पीछा कर रही है। वे रुक जाते हैं। कमला देवी भी एक खम्भे की आड़ में छिप जाती है। तुलसीदास और रामू द्विवेदी काशी विश्वनाथ मंदिर में जाते हैं। वहाँ आरती उतारी जा रही है। दोनों अन्य भक्तों के समान आचरण करते हैं और मंदिर से बाहर निकल आते हैं। गली में कमला देवी इन दोनों के सामने आ जाती है। लगता है कि वह बहुत साहस करने के बाद इनके सामने आयी है।)

रामू द्विवेदी : तुम हमारे पीछे-पीछे काहे आ रही हो।

कमला देवी : (*रामू द्विवेदी की बात का उत्तर न देकर तुलसीदास से*) गोस्वामी एक बात बता...

तुलसीदास : क्या बात... ?

कमला देवी : हम तुम्हारा बख़ान सुने थे...बताते थे...राम ऐसे हैं...ऐसे हैं...कितने महान हैं...बताते थे कि राम सबके रखवाले हैं...हमारी एक विनती है...

तुलसीदास : क्या विनती है...

कमला देवी : राम हमारी लड़की का ब्याह करा देंगे...

रामू द्विवेदी : क्या उल्टी-सीधी बात कर रही है...

कमला देवी : बात सीधी है...पाँच मोहर दे देंगे राम जी... ?

तुलसीदास : अरे, ये तो बहुत छोटी-सी बात है...पाँच मोहर के लिए मैं अयोध्या पति रामचंद्र जी महाराज से क्या कहूँ जो तीनों लोकों के स्वामी हैं...तू ऐसा कर कि मेरा संदेश लेकर अब्दुल रहीम ख़ानख़ाना के पास चली जा... तेरा काम हो जायेगा।

(कमला देवी आश्चर्य से ऐसे देखती है जैसे वह अब्दुल रहीम ख़ानख़ाना को नहीं जानती।)

रामू द्विवेदी : सूबेदार हैं...सबसे बड़े अधिकारी हैं...

तुलसीदास : चल हमारे साथ चल...चिट्ठी लिख कर देता हूँ...

दृश्य-2

(स्थान : अब्दुल रहीम ख़ानख़ाना की हवेली के फाटक का दृश्य। हवेली के फाटक पर वीर सिंह और शेर अली नाम के दो सिपाही पहरा दे रहे हैं। सामने सड़क पर से फेरीवाले अपना सामान बेचते हुए आवाज़ लगाते गुज़र रहे हैं। चना ज़ोर गरम बेचने वाला आता है और गाना गा कर चना बेचता है...)

चना बेचनेवाला : चना ज़ोर गरम बाबू...चना ज़ोर गरम...
चने बनावे घासीराम
चने बनावे सबके काम
धेले में बन जाए काम
चना ज़ोर गरम बाबू...चना ज़ोर गरम...।

वीर सिंह : *(चना बेचने वाले से)* आगे बढ़ जाओ भइया... आगे बढ़ जाओ...
(चना बेचने वाला मंच से निकल जाता है।)
(चना बेचने वाले के बाद पान बेचने वाला आता है जो गले में पिटारी-सी लटकाये हुए है। पानवाला गाता है।)

पान बेचनेवाला : पान बनारस वाला है जी
पान बनारस वाला...
खाके तबीयत मस्त ना होवे

तो मत देना पैसा धेला
पान बनारस वाला है जी
पान बनारस वाला...

वीर सिंह : *(पानवाले से)* आगे बढ़ के पान बेचो...जानते नहीं ये हवेली किसकी है...

(पानवाला मंच से बाहर निकल जाता है।)

(ककड़ी बेचने वाला आता हैं और ककड़ी बेचता है।)

ककड़ीवाला : ककड़ी ले लो ककड़ी
लैला की हड्डियाँ
मजनूँ की पसलियाँ
हरी-हरी ककड़ियाँ
ककड़ी ले लो ककड़ी।

(ककड़ी बेचने वाला फाटक के सामने खड़ा होकर बहुत ज़ोर से आवाज़ लगाता है, 'ककड़ी ले लो ककड़ी।' सामान बेचने वालों से सिपाही शेर अली कहता है।)

शेर अली : ओ खबिश के बच्चे...इधर इतना काहे को चिल्लाता है...

(ककड़ीवाला फिर आवाज़ लगाता है जिस पर शेर अली को गुस्सा आ जाता है।)

शेर अली : *(गुस्से में ककड़ीवाले की तरफ़ झपटता है।)* तू इधर से दफ़ा नहीं होगा तो हम तेरे को ककड़ी बना देगा...

(ककड़ीवाला भाग जाता है। हवेली के अंदर से मुंशी अल्लाह बक्श एक थैली लिए बाहर आता है। उसके पीछे-पीछे मजीद नामक सेवक है।)

मजीद : *(गिड़गिड़ाते हुए)* हमारे ऊपर रहम किया जाए मुंशी जी...छोटे-छोटे बाल-बच्चे हैं।

मुंशी अल्लाह बक्श : *(मजीद से)* हम तो हुक्म के बंदे हैं...तुम्हारे लिए तो सरकार ने हुक्म दे दिया है कि तुम्हें उनकी ख़िदमत से अलग कर दिया जाए।

मजीद : अरे मुंशी जी हम मर जाब...ऐसी सरकार हमका कहाँ मिली।

मुंशी अल्लाह बक्श : हाँ ये तो ठीक कह रहे हो...हुजूरेवाला अब्दुल रहीम ख़ानख़ाना जैसा दानवीर और कहाँ मिलेगा...लेकिन हम तो हुक्म के बंदे हैं।

वीर सिंह : क्या हुआ मुंशी जी...क्या इन्हें निकाल दिया गया...

मुंशी अल्लाह बक्श : देखो भई...हम तो हुक्म के बंदे हैं...इन्हें हुज़ूरेवाला ने बर्खास्त कर दिया है...अब जाएं अपना रास्ता नापें...

वीर सिंह : इनका का जुरम है मुंशी जी...

मुंशी अल्लाह बक्श : इनका जुर्म यह है कि इन्होंने झूठ बोला है...

शेर अली : क्या झूठ बोला है?

मुंशी अल्लाह बक्श : अरे भई, कल ऐसा हुआ कि जब हुज़ूरेवाला खाना खा रहे थे तो अचानक एक नौकर रोने लगा...हुज़ूर ने पूछा कि तुम क्यों रो रहे हो तो उसने कहा कि हुज़ूर का दस्तरख़ान देखकर अपने वालिद की याद आ गयी...कभी हमारे भी अच्छे दिन थे और वालिद इसी तरह मेहमानों और दोस्तों के साथ बैठकर ख़ाना खाया करते थे...हुज़ूर ने उससे कहा कि अगर तुम सच बोलते हो कि कभी तुम्हारे वालिद की अच्छी

हैसियत थी तो ये बताओ कि मुर्ग़ में ऐसा क्या है जिसके बगैर अगर उसे पकाया जाए तो मज़ा आधा रह जाता है...उस मुलाज़िम ने कहा कि हुज़ूर पोस्त है...मतलब ख़ाल...हुज़ूर ने कहा कि हाँ तुम बिलकुल ठीक कहते हो...उन्होंने हुक्म दिया कि मुलाज़िम को उनके मुजाहिबों में शामिल कर दिया जाए...और आज अपने मजीद मियाँ खाने के दौरान रोने लगे...इनसे हुज़ूर ने पूछा कि तुम क्यों रो रहे हो तो इन्होंने जो कुछ कल सुना था वह दोहरा दिया...हुज़ूर ने इनसे पूछा कि बताओ बकरे के गोश्त में ऐसा क्या है जो सबसे लज़ीज़ होता है...इन्होंने कहा कि पोस्त...सब इस बात पर हँसने लगे और हुज़ूर ने हुक्म दिया कि ये उनकी ख़िदमत के लायक नहीं...इन्हें अलग कर दिया जाए...

वीर सिंह : *(हँसते हुए मजीद से)* क्यों भइया, ये तुम्हें किसने बता दिया था कि बकरे की ख़ाल खायी जाती...

मुंशी अल्लाह बक्श : चलो अब जो हुआ सो हुआ...हुज़ूर ने इनके ऊपर बड़ी मेहरबानी! यह की है कि इन्हें छः महीने की तनख्वाह पेशगी देने का हुक्म दे दिया... *(थैली मजीद को पकड़ाते हुए)* ये लो भई अपने छः महीने की तनख्वाह और अब जाओ...

वीर सिंह : बड़ा पैसा मिल गैल...छः महीने की पगार...

मजीद : *(गिड़गिड़ाते हुए)* भैया छः महीने की पगार कितने दिन चली मुंशी जी। हमका माफ़ी दिला दो।

(घोड़े की टापों की आवाज़ सुनाई देती है और नज़दीक आकर रुक जाती है। एक सिपाही मंच पर आता है और मुंशी अल्लाह बक्श के पास जाकर उन्हें सलाम करता है।)

मुंशी अल्लाह बक्श : कहो त्रिलोकी...कोई संदेश लाये हो...

त्रिलोकी : हाँ संदेश लाया हूँ मुंशी जी...राजा टोडरमल जी तशरीफ़ लाने वाले हैं अंदर इत्तला करा दें...

मुंशी अल्लाह बक्श : हाँ, मैं अभी हुज़ूर को बताता हूँ...

(मुंशी अल्लाह बक्श फाटक के अंदर चले जाते हैं। त्रिलोकी लौट जाता है। मजीद रुपयों की थैली लिए फाटक पर खड़ा रहता है।)

वीर सिंह : अब यहाँ का खड़ा हवा...चल आगे बढ़ा...कुछ देर में सरकार राजा साहब की अगवानी के लिए फाटक पर आयेंगे...और तुमका देख पाये तो हम लोगों की नौकरी चली जाएगी...

मजीद : कहाँ जाऊँ कुछ समझ नहीं आवत...

शेर अली : अरे खबिस के बच्चे इतना पैसा पाकर भी नहीं समझा...क़सम खुदा की...मेरे साथ चल ऐश करा दूँगा।

मजीद : *(डर कर)* ना ही...ना ही।

(मजीद डर कर मंच से बाहर निकल जाता है और एक बूढ़ी औरत कमला देवी मंच पर आती है और सीधी फाटक के अंदर घुसने लगती है।)

वीर सिंह : *(उसे रोकते हुए)* किधर जात है...

कमला देवी : हजूर के पास ज़ात हों...

शेर अली : *(व्यंग्य में)* हजूर तुझसे मिलने बैठे हैं क्या...चल हट यहाँ से।

कमला देवी : नहीं–नहीं...हमका जाए दो...ज़रूरी काम बा...

वीर सिंह : हटत है कि लगाऊँ एक ठो डण्डा...

कमला देवी : हमका चाहे मार डाला...पर हमें साहब के पास जाने दो...

शेर अली : खबिस की औलाद...तेरे को हजूर नहीं मिलेगा...

कमला देवी : *(रोती हुई)* बहुत संकट पड़ा है हमारे ऊपर... वही समाधान करेंगे...

वीर सिंह : हट पहले पीछे हट...

(दो–चार लोग रुक कर तमाशा देखने लगते हैं।)

कमला देवी : हमका बाबा जी भेजे हैं...

वीर सिंह : काशी में तो हज़ारों बाबा हैं...

कमला देवी : गोस्वामी भेजे हैं...

(अंदर से निकल कर ख़ानख़ाना टोडरमल की अगवानी के लिए फाटक पर आ जाते हैं। सिपाही लोगों को पीछे धकेल देते हैं। कमला देवी भी पीछे धकेल दी जाती है। राजा टोडरमल की पालकी सामने आकर रुकती है और राजा टोडरमल बाहर निकलते हैं।)

अब्दुल रहीम : खुशआमदीद...खुशआमदीद...आइए तशरीफ़ लाइए राजा टोडरमल...

टोडरमल : बंदा ख़िदमत में हाज़िर है...

अब्दुल रहीम : ज़हेनसीब...

(दोनों गले मिलते हैं।)

अब्दुल रहीम : आइये...तशरीफ़ लाइये...

(अब्दुल रहीम टोडरमल को लेकर आगे बढ़ते हैं। उसी वक़्त कमला देवी भीड़ को चीरती हुई और सिपाहियों को हटाती, अब्दुल रहीम के पास पहुँच जाती है और उनके पैरों पर झुक जाती है।)

अब्दुल रहीम : *(कमला देवी से)* कौन हो तुम...क्या तक़लीफ़ है तुम्हें...

(सिपाही कमला देवी को अलग करने की कोशिश करते हैं लेकिन अब्दुल रहीम उनको रोक देते हैं।)

अब्दुल रहीम : कौन हो तुम...

कमला देवी : हमको बाबा जी ने भेजा है...

अब्दुल रहीम : कौन बाबा जी...

कमला देवी : बाबा तुलसीदास...

अब्दुल रहीम : *(खुश होकर)* अच्छा तुम्हें गोस्वामी तुलसीदास ने भेजा है...

कमला देवी : हाँ हुज़ूर वही भेजा है...एक ठो संदेस बा...

अब्दुल रहीम : क्या संदेस ?

(कमला देवी अपनी धोती का पल्लू खोलकर एक पर्चा निकालती है और अब्दुल रहीम को देती है। अब्दुल रहीम पर्चे को पढ़ते हैं।)

अब्दुल रहीम : वाह...गोस्वामी का भी जवाब नहीं...

टोडरमल : ठीक कह रहे हैं आप...उनकी प्रतिभा का लोहा मैं ही नहीं बड़े-बड़े कवि मानते हैं।

अब्दुल रहीम : इतनी बड़ी सिफ़ारिश तो कोई कवि ही कर सकता है...अद्‌भुत कल्पनाशीलता है...वाह!

टोडरमल : क्या लिखा है...

अब्दुल रहीम : देखिए ध्यान से सुनिये...ऐसी सिफ़ारिश की कौन अनदेखी कर सकता है...सुरतिय नरतिय नागतिय यह चाहत सब कोय...धरती पर रहने वाली स्त्रियाँ, आकाश में रहने वाली स्त्रियाँ और पाताल में रहने वाली स्त्रियाँ सब चाहती

हैं कि ऐसा हो...तीन लोकों की स्त्रियों द्वारा की जाने वाली सिफ़ारिश के सामने मैं नतमस्तक हूँ...देवी बताओ क्या बात है...

कमला देवी : हजूर हमरी लड़की का ब्याह है...हमरे पास कुच्छो नहीं...बड़ी कठिनाई से दोजून की रोटी चलत बा...आप तो जानत हैं हजूर...शादी-ब्याह में कितना लेन-देन होत बा...।

अब्दुल रहीम : हाँ-हाँ...हमें सब मालूम है...ये बताओ तुम्हें कितना दे दिया जाये।

कमला देवी : पाँच मोहरें मिल जाएं तो काम हो जायेगा हजूर...

अब्दुल रहीम : इस औरत को दस मोहरें दे दी जाएं...

(अब्दुल रहीम उस पर्चे पर कुछ लिखते हैं जिसे तुलसीदास ने भेजा है। लिखकर वे टोडरमल को दिखाते हैं। टोडरमल पर्चा पढ़ते हैं।)

टोडरमल : वाह ख़ानख़ाना आपने तो दोहा पूरा कर दिया। सुरतिय नरतिय नागतिय यह चाहत सब कोय... आपने दूसरी लाइन जोड़ दी...गोद लिए हुलसी फिरैं, तुलसी सम सुत होय...

(टोडरमल और रहीम हँसते हैं)

अब्दुल रहीम : आइये तशरीफ़ ले चलिए।

दृश्य-3

(रात का समय है। तुलसीदास के सामने दीपक जल रहा है। वे रामचरितमानस की चौपाइयों का पाठ कर रहे हैं। रामू द्विवेदी भी बैठे हैं। उनके शिष्य वाद्य बजा रहे हैं। श्रद्धालु बड़ी संख्या में बैठे हैं।)

तुलसीदास : *(पाठ कर रहे हैं।)*

करन चहउँ रघुपति गुन गाहा।
लघु मति मोरि चरित अवगाहा॥
सूझ न एकउ अंग उपाऊ।
मन मति रंक मनोरथ राउ॥

मति अति नीच ऊँचि रुचि आछी।
चहिअ अमिअ जग जुरइ न छाछी॥
छमिहहिं सज्जन मोरि ढिठाई।
सुनिहहिं बालबचन मन लाई॥

(इसी बीच मंच पर इधर-उधर से पथराव शुरू हो जाता है और भगदड़ मच जाती है। सभा बिखर जाती है। एक हड्डी भी मंच पर आकर गिरती है।)

तुलसीदास : *(चिल्लाकर कुछ क्रोध में)* अरे ये हड्डी को फेंक रहा है...का बात है...हम कौनो का कुछ

बिगाड़ा है क्या...

(मंच के पीछे से हड्डी और ईंटें फेंकने वालों के ठहाके सुनाई देते हैं। एक-दो हड्डियाँ और आकर गिरती हैं।)

तुलसीदास : अरे, ये आप लोग क्या कर रहे हैं...हम तो आप लोगों की भी स्तुति की है...आपको भी प्रणाम किया है...आप लोग तो अपना हित करने वाले के भी शत्रु हो...मेरे क्यों न होगे...

(पीछे से ठहाकों की आवाज़ आती है।)

तुलसीदास : आपको तो दूसरों के अहित में ही आनन्द आता है ना...जब ही ठहाके लगा रहे हो...

रामू द्विवेदी : जाने देव गोस्वामी...ये न मानेंगे...

तुलसीदास : अरे ये तो उस मक्खी के समान हैं जो घी में गिर कर उसे बरबाद कर देती है...ये चाहे अपने नष्ट हो जाएं पर दूसरे का काम अवश्य बिगाड़ेंगे...

(ज़ोर के ठहाकों की आवाज़ फिर सुनाई देती है।)

रामू द्विवेदी : गोस्वामी यहाँ से चले चलो...ये हमें कुछ न करने देंगे...

(आचार्य चंद्रकान्त मिश्र और भोला पंडित का प्रवेश। भोला पंडित हाथ में पान लिए हैं।)

चंद्रकान्त : कहाँ जाओगे तुलसीदास...

तुलसीदास : प्रणाम पंडित जी...अरे जायेंगे कहाँ महाराज...

चंद्रकान्त : मेरी मानो तो काशी छोड़ दो...अब अपनी कितनी दुर्गति करवाओगे।

तुलसीदास : कैसी दुर्गति महाराज...

भोला पंडित : अरे, गोस्वामी, पंडित जी का मुँह न खुलवाओ... उनके मुँह से ये बातें शोभा नहीं देंगी जो तुम्हारे बारे में कही जाती हैं...

(भोला पंडित हाथ में पान लिए हुए)

भोला पंडित : *(पान चंद्रकान्त की ओर बढ़ाते हुए)* लीजिए पंडित जी...

(चंद्रकान्त पान मुँह में डाल लेते हैं और दूसरा पान भोला पंडित को देते हैं।)

भोला पंडित : अरे हम तो तुम्हारे सुभ चिंतक हैं...नहीं तो हमें क्या पड़ी है...आज पत्थर फेंक रहे हैं तुम्हारे ऊपर लोग...कल तीर चलावेंगे...परसों तोप दाग देंगे...

तुलसीदास : पर हमने किया क्या है...भोला भाई...किसी का न कुछ लिया है...न दिया है...

चंद्रकान्त : अब तुम चाहे जो कुछ कहो पूरी काशी में तुम्हारा विरोध है...

तुलसीदास : काहे को महाराज...हमने क्या गलत किया है...

चंद्रकान्त : ये भी कोई पूछने की बात है राम बोला...तुमने विष्णु के अवतार राम का अपमान किया है...

तुलसीदास : *(आश्चर्य से)* अपमान कैसा महाराज...हम तो उनके तुच्छ सेवक हैं...

भोला पंडित : *(व्यंग्य से)* अरे बातें न बनाओ...तुलसी महाराज...सेवक होते तो ऐसा न करते...तुम्हारे करतूत सब समझ गये हैं...

रामू द्विवेदी : भोला भाई...ऐसा कौन-सा अत्याचार कर दिहिन हैं...गोस्वामी जी।

भोला पंडित : हम आप से कुछ नहीं पूछ रहे हैं...रामू द्विवेदी... जब तुलसीदास सामने हैं तो आप काहे पिटिर-पिटिर बोल रहे हैं...

तुलसीदास : हमने तो कही दिया है आपसे कि हम रामभक्त हैं...वही कर रहे हैं जो भक्त करते हैं...

भोला पंडित : राम भक्त होते तो...राम को गली-गली न घसीटते...

तुलसीदास : हम समझे नहीं महाराज...

चंद्रकान्त : ये बताओ आदि वाल्मीकि ने रामकथा किस भाषा में लिखी थी।

तुलसीदास : संस्कृत में...

चंद्रकान्त : संस्कृत देव भाषा है।

तुलसीदास : हाँ महाराज...

चंद्रकान्त : तुम रामकथा किस भाषा में लिख रहे हो...

तुलसीदास : अवधी में...

चंद्रकान्त : संस्कृत और अवधी में कोई अंतर है...

तुलसीदास : है महाराज, क्यों नहीं है...

चंद्रकान्त : मैं बताता हूँ क्या अंतर है...संस्कृत देव भाषा है...भासा गली-मोहल्ले की है...नीच-से-नीच यह बोलता है...इधर-उधर कितनी गंदगी है... पाप है...व्यभिचार है...अधर्म है...लोभ है... लालच है...दुराचार है...उसके बीच राम को ले जाओगे।

तुलसीदास : जहाँ अधर्म हो वहीं तो धर्म की आवश्यकता होती है महाराज।

चंद्रकान्त : रामकथा की प्रतिष्ठा बनाये रखना हमारा धर्म है...और उसे नीचे ले जाना अधर्म है...पाप है...

तुलसीदास : महाराज जहाँ राम का नाम लिया जायेगा...वहाँ से पाप तो आप-ही दूर हो जायेगा...रघुनाथ जी का नाम उदार है...वेद पुराणों का सार है...कल्याण का भवन है...अमंगल को हरने वाला है...

भोला पंडित : *(व्यंग्य से)* अरे माना तुलसी बाबा...तुम बहुत बड़ा काम कर रहे हो...पर ये बताओ कि तुम इतना ही अच्छा काम करने वाले होते तो पूरी काशी में तुम्हारा विरोध क्यों होता ? जिससे भी बात करो सब पिनके बैठे हैं...

तुलसीदास : हम तो केवल राम की उपासना करते हैं महाराज...रामकथा जगत् को ही नहीं सभी को पवित्र करने वाली गंगा जैसी है...रामकथा सुंदर ताली है जो संदेह रूपी पक्षियों को उड़ा देती है...रामकथा एक कुल्हाड़ी है जो कलयुग रूपी वृक्ष को काट देती है...

चंद्रकान्त : कविताई न करो तुलसीदास...ये धर्म का विषय है...*रामायण* की रचना आदि कवि वाल्मीकि ने की थी। उनके परम पुनीत ग्रंथ का गली-मोहल्ले में सर्वथा अज्ञानियों द्वारा पाठ कहाँ तक उचित है...तुम्हीं बताओ...रामकथा आस्था और विश्वास की निधि है...देखो, अनादिकाल से यह परंपरा रही है कि पंडित और ज्ञानी विशेष आयोजन पर इसका पाठ करते आये हैं...

भोला पंडित : *(व्यंग्य से)* मान-मर्यादा अचार-विचार तुम्हें कुछ ध्यान ही नहीं है...सुनो तुलसीदास...

सबका विधि विधान है...भगवान श्रीरामचन्द्र जी महाराज का पाठ कराने जजमान पंडित जी को बुलाने आते हैं...बहुत श्रद्धा से चौकी पर भगवान श्रीराम और हनुमान जी की मूर्तियाँ स्थापित होती हैं। आम और केले के पत्ते, बतासे, फूलमालाएँ, कलश पर नारियल, कलावा, चावल, रोली, धूप, पंजीरी, मिष्ठान, फल-फूल और तुलसी के पत्ते रखे जाते हैं... पंचामृत के लिए दूध-दही-शहद आदि की व्यवस्था होती है...हवन की सामग्री और घी रखा जाता है...धूप जलाई जाती है...अरे तुम तो जानते ही होगे...चाहे जो करो, हो तो तुम भी ब्राह्मण...अग्नि प्रज्वलित की जाती है... हवन तो कराया ही होगा तुमने...और उसके बाद देव भाषा में *रामायण* का पाठ होगा...सब भूल गये...गुरु दक्षिणा के रूप में मुद्राएँ और वस्त्र मिले होंगे...

तुलसीदास : महाराज हमारा मन कहता है कि राम-नाम के जहाज़ पर पूरे संसार को चढ़ा लें...

चंद्रकान्त : बस-बस रहने दो तुलसी...सोने को घूरे पर फेंक दिया जाए तो क्या सोने की प्रतिष्ठा बढ़ेगी।

तुलसीदास : पंडित जी, घूरे पर सोना मिलने लगेगा तो बड़े-से-बड़ा आदमी वहाँ जायेगा।

चंद्रकान्त : कुतर्क न करो तुलसी...तुम अपने को रामभक्त कहते हो और राम को घूरे पर पहुँचाना चाहते हो... *(बहुत गुस्से में)* हम जानते हैं अवधी में न वह

शब्द भंडार है, न प्रतीक और बिम्ब हैं, न छन्द और अलंकार हैं...न वह गरिमा और गंभीरता है, न सुंदरता और आकर्षण है जो संस्कृत में है...अवधी में राम का अनर्थ और अपमान हो जायेगा...

भोला पंडित : *(व्यंग्य से)* अरे तुम रामकथा का उपहास उड़ाना चाहते हो...पर काशी में यह न हो सकेगा...रामकथा देव भाषा में है...देव भाषा पर हमारा अधिकार है...पीढ़ी-दर-पीढ़ी से यह अधिकार हमें मिलता आ रहा है...देव भाषा में ज्ञान है...ज्ञान हमारे पास है...यह हमारा-तुम्हारा बनाया विधान नहीं है...ब्रह्मा का विधान है...

तुलसीदास : नहीं महाराज...हम तो देव भाषा का पूरा सम्मान करते हैं...*रामचरितमानस* में भी हमने दोहे-चौपाई देव भाषा में लिखी हैं...

भोला पंडित : *(व्यंग्य से)* अरे जब *रामायण* लिखी हुई है तो उसे फिर से क्यों लिख रहे हो...क्या तुम आदि गुरु वाल्मीकि से अच्छा लिख लोगे...

चंद्रकान्त : ध्यान से सुनो तुलसी...ज्ञान के ऊपर भाषा का ताला लगा है...उसकी चाबी केवल हमारे पास है...तुम ताला ही तोड़ रहे हो। अपनी कविता पर तुम्हें बड़ा दम्भ है।

तुलसीदास : पंडित जी न तो मैं कवि हूँ, न मुझे छंद-अलंकार का ज्ञान है, भाव और रस के बारे में मुझे पता नहीं है...यह बात मैं कोरे काग़ज़ में लिख कर सत्य-सत्य कह सकता हूँ...मेरी रचना में कोई गुण नहीं बस एक गुण है...इसमें श्रीरघुनाथ जी

का उदार नाम है जो अत्यन्त पवित्र है, वेद-पुराणों का सार है, कल्याण का भवन है और अमंगल को हरने वाला है...इसी कारण निर्मल बुद्धि वाले मेरी कथा से आनन्द और मंगल प्राप्त करेंगे। राम सबके हैं महाराज...

चंद्रकान्त : हाँ, राम सबके हैं...पर वैसे नहीं जैसें तुम कह रहे हो।

तुलसीदास : फिर कैसे महाराज?

चंद्रकान्त : ज्ञान के प्रत्येक क्षेत्र में गुरु की महत्ता सिद्ध है... बिना गुरु के न तो ज्ञान मिलता है और न भगवान मिलता है...न योग सिद्ध होता है...और न कोई साधना पूरी होती है। जैसे रास्ता चलने वाला उस समय तक अपने स्थान पर नहीं पहुँच सकता जब तक कि उसे रास्ता दिखाने वाला न हो।

तुलसीदास : रामकथा...रास्ता ही दिखाती है पंडित जी...

भोला पंडित : *(व्यंग्य से)* इतने बड़े गुरु के सामने *(चंद्रकान्त की ओर इशारा करके)* मूर्खों वाली बातें न करो तुलसी...हमारे समाज में पंडित जैसे *(चंद्रकान्त की ओर इशारा करके)* विद्वानों और ज्ञानियों का बड़ा स्थान है। बिना माध्यम के कुछ नहीं मिलता...

चंद्रकान्त : तुलसीदास समझने का प्रयास करो...तुम्हारी लिखी रामकथा की हज़ारों प्रतियाँ बन जाएंगी...जो चाहेगा वाचन करेगा...जहाँ चाहेगा वहाँ पढ़ेगा...और गली-गली, मौहल्ले-मौहल्ले कथावाचक हो जायेंगे।

तुलसीदास : इसमें हानि क्या है पंडित जी...रामकथा वाचक जितने अधिक हों उतना ही अच्छा है।

चंद्रकान्त : *(बिगड़कर)* तुलसी, नटों और भाड़ों के तमाशे और रामकथा में बड़ा अंतर है...तुम क्या चाहते हो जैसे नट और नटी गली-गली खेल तमाशे दिखाते हैं वैसे ही रामकथा के वाचक पोथी बगल में दबाये पाठ करते दिखाई दें। ऐसा नहीं हो सकता तुलसी...तुम्हारा विरोध पूरी काशी में हो रहा है...*(गुस्से में)* देखते हैं तुम मन की मर्ज़ी कहाँ तक चलाते हो।

भोला पंड़ित : *(धमकाने वाले स्वर में)* तुलसीदास काशी में सब संभव है...पर पंडित जी *(चंद्रकान्त की ओर इशारा करके)* की बात टल जाए ये संभव नहीं है...

दृश्य-4

(सम्राट अकबर टहल रहे हैं...एक सेवक आकर कहता है।)

सेवक : *(तीन बार झुक कर सलाम करने के बाद)* ज़िल्ले इलाही ख़ानख़ाना और राजा टोडरमल क़दम बोसी के लिए हाज़िर हैं।

(सम्राट अकबर सिर हिलाकर अनुमति देते हैं। सेवक चला जाता है...सम्राट टहलने लगते हैं। मंच पर टोडरमल आते हैं। वे झुककर सम्राट को सलाम करते हैं।)

अकबर : मुझे सुनाने के लिए क्या लाये हो राजा टोडरमल...

टोडरमल : महाबली तुलसीदास के *रामचरितमानस* का एक नया अंश है...मुझे विश्वास है कि सरकार को पसंद आयेगा।

अकबर : मुझे उम्मीद ही नहीं बल्कि यक़ीन है कि तुलसीदास की रचना मुझे पसंद आयेगी...उनका कलाम मुझे हाफ़िज़ शीराज़ी और फ़िरदौसी के कलाम की याद ताज़ा करा देता है...क्यों अब्दुल रहीम क्या मैं गलत कह रहा हूँ?

अब्दुल रहीम : नहीं महाबली...हुज़ूर सही फ़रमा रहे हैं...

अकबर : टोडरमल हमें बनारस से कुछ ऐसी ख़बरें मिल रही हैं जो अच्छी नहीं हैं...

अब्दुल रहीम : जी हाँ...बनारस में तुलसीदास की मुख़ालफ़त बढ़ती जा रही है...

अकबर : ये मुख़ालफ़त किस हद तक जा सकती है...

टोडरमल : महाबली, उनका विरोध करने वाले बनारस के पुराने और प्रतिष्ठित लोग हैं...वे कुछ भी कर सकते हैं...

अब्दुल रहीम : अभी तक तो वे समझ रहे हैं कि उनके डराने-धमकाने से तुलसीदास बनारस छोड़ देंगे...लेकिन ऐसा न हुआ तो हालात खराब हो सकते हैं...

अकबर : *(कुछ सोचते हुए)* तुलसीदास जैसे नायाब और बकमाल शायर के लिए क्या सीकरी से बेहतर कोई दूसरी जगह हो सकती है टोडरमल।

टोडरमल : नहीं महाबली, नहीं!

अकबर : तुम्हें और अब्दुल रहीम को यह हुक्म दिया जाता है...तुलसीदास को भी यह लगे कि उनके लिए सीकरी से बेहतर कोई दूसरी जगह नहीं हो सकती।

टोडरमल : आदेश का पालन किया जायेगा महाबली।

अकबर : *(टोडरमल से)* मुझे सुनाने के लिए क्या लाये हो?

टोडरमल : तुलसीदास के *रामचरितमानस* के किष्किन्धा काण्ड की कुछ चौपाइयाँ हैं महाबली...

अकबर : सुनाओ...

(अकबर तख़्त पर बैठ जाते हैं...कुछ दूरी पर एक छोटी और नीची चौकी पर बैठकर टोडरमल पाठ शुरू करते हैं।)

टोडरमल : वर्षा ऋतु का इतना सजीव और मार्मिक चित्रण कम ही किया गया है महाबली...प्रकृति को आधार बनाकर महान विचारों को सामने रखा गया है।

लछिमन देखु मोर गन नाचत बारिद पेखि।
गृही बिरति रत हरष जस बिष्नुभगत कहुँ देखि॥

अकबर : धीरे-धीरे पढ़ो टोडरमल...मुझे तो ऐसा लगता है जैसे तुलसी के मुँह से शेख सादी बोल रहे हों। मैं एक-एक लफ़्ज़ को सुनना और समझना चाहता हूँ।

टोडरमल : जैसा आदेश हो महाबली...

घन घमंड नभ गरजत घोरा।
प्रिया हीन डरपत मन मोरा।
दामिनि दमक रह नघन माहीं।
खल कै प्रीति जथा थिर नाहीं॥

बरषहिं जलद भूमि निअराएँ।
जथा नवहिं बुध बिद्या पाएँ।
बूँद अघात सहहिं गिरि कैसे।
खल के बचन संत सह जैसे॥

अकबर : वाह! कितना अच्छा ख़याल है...विद्या पाकर

विद्वान नम्र हो जाते हैं...और सुनाओ।

टोडरमल : छुद्र नदीं भरि चलीं तोराई।
जस थोरेहुँ धन खल इतराई।
भूमि परत भा ढाबर पानी।
जनु जीवहि माया लपटानी॥

समिटि समिटि जल भरहिं तलावा।
जिमि सदगुन सज्जन पहिं आवा।
सरिता जल जलनिधि महुँ जोई।
होइ अचल जिमि जिव हरि पाई॥

हरित भूमि तृन संकुल समुझि परहिं नहिं पंथ।
जिमि पाखंड बाद तें गुप्त होहिं सदग्रंथ॥

अकबर : रुक जाओ टोडरमल...रुक जाओ...ये तो बहुत शानदार ख़याल है...मुझे भी यही लगता है कि घास इतनी उग आयी है कि रास्ता समझ में नहीं आता...लेकिन मैं उसकी तलाश करना चाहता हूँ...हमें लगता है कि दीन के अलग-अलग रास्तों के अलग-अलग तौर-तरीके और रिवाज़ हैं। हिन्दू, मुसलमान, पारसी, यहूदी और ईसाई सब अलग-अलग हैं लेकिन हर दीन को मानने वाले अपने दीन की बातों को सबसे बेहतर बताते हैं इतना ही नहीं वे कोशिश करते हैं कि बाकी सबको अपने मज़हब में ले आएं। अगर वे मज़हब बदलने से मना करें तो उनसे

नफ़रत करें और उन्हें दुश्मन मानें। इस बात का हमारे दिल में शक़ होता है।

अब्दुल रहीम : महाबली बजा फ़रमाते हैं...मज़हब का काम इंसानों को जोड़ना है...ना कि तोड़ना...

टोडरमल : महाबली...गोस्वामी तुलसीदास यही कर रहे हैं...उन्होंने चारों तरफ़ फैले खरपतवार को साफ़ करने का बीड़ा उठाया है...

अब्दुल रहीम : महाबली...गोस्वामी राम और सीता के ज़रिये ऐसे ऊँचे आदर्श बना रहे हैं जो सबको रास्ता दिखायेंगे...

टोडरमल : यही वजह है कि आवाम में उनकी मक़बूलियत बढ़ती जा रही है...आम लोग राम और सीता के ज़रिये बड़े आदर्शों तक पहुँच रहे हैं...

अकबर : माबदौलत...को यह पसंद है...मुल्क में अमन और चैन क़ायम रहे...लड़ाई-झगड़े और मन-मुटाव कम हो...हम तुलसीदास के इस काम की कद्र करते हैं...और हमारा ख़याल किसी-न-किसी तौर पर सामने आयेगा...

दृश्य-5

(रात का समय है। घाट की सीढ़ियों पर तुलसीदास, रामू द्विवेदी, रामदीन और रामप्रसाद तथा अन्य लोग बैठे हैं। तुलसीदास बालकाण्ड का पाठ कर रहे हैं।)

चहुँ दिसि चितइ पूँछि मालीगन। लगे लेन दल फूल मुदित मन॥
तेहि अवसर सीता तहँ आईं। गिरिजा पूजन जननि पठाई॥

संग सखीं सब सुभग सयानीं गावहिं गीत मनोहर बानीं॥
सर समीप गिरिजा गृह सोहा। बरनि न जाड़ देखि मनु मोहा॥

एक सखी सिय संगु बिहाई। गई रही देखन फुलवाई॥
तेहिं दोउ बंधु बिलोके जाई। प्रेम बिबस सीता पहिं आई॥

तासु दसा देखी सखिन्ह पुलक गात जलु नैन।
कहु कारनु निज हरष कर पूछहिं सब मृदु बैन॥

देखन बागु कुँअर दुई आए। बय किसोर सब भाँति सुहाए॥
स्याम गौर किमि कहौं बखानी। गिरा अनयन नयन बिनु बानी॥

सुनि हरषीं सब सखीं सयानी। सिय हियँ अति उतकंठा जानी॥
एक कहइ नृपसुत तेई आली। सुने जे मुनि सँग आए काली॥

(तुलसीदास के शिष्य संगीत बजा रहे हैं। कुछ दूसरे लोग भी बैठे रामकथा सुन रहे हैं। पूरी तन्मयता से तीनों गा रहे हैं। धीरे-धीरे मंच पर प्रकाश कम हो जाता है। पाठ की आवाज़ भी कम पड़ती चली जाती है।)

तुलसीदास : रामू भाई, अब विश्राम किया जाये...एक पहर रात बीत गयी।

रामू द्विवेदी : जैसा आदेश गुरु जी...

रामप्रसाद : बिछावन लगा देते हैं...

(तुलसीदास उठ कर खड़े हो जाते हैं। दूसरे लोग तुलसीदास को नमस्कार करके चले जाते हैं। रामदीन और रामप्रसाद तुलसीदास का बिस्तर बिछाते हैं।)

रामू द्विवेदी : हमें भी आज्ञा दी जाए...

तुलसीदास : हाँ रामू भाई...रात घिर रही है...घर जाओ।

रामू द्विवेदी : कल किधर पाठ होगा बाबा...

तुलसीदास : मणिक करनिका घाट पर पाठ करेंगे...लंका दहन दिखाया जायेगा...अवश्य आना।

रामू द्विवेदी : हम न आएं ये कैसे हो सकता है बाबा...आप के चरणों में जो शांति मिलती है वो कहाँ है...

तुलसीदास : ये तुम्हारा अंतरमन है रामू भाई...जो राम में रम गया है...

रामू द्विवेदी : सही कहते हैं बाबा...

(रामू द्विवेदी हाथ जोड़कर तुलसीदास को नमस्कार करते हैं और चले जाते हैं।)

रामदीन : *(लोटा रखते हुए)* गुरु जी पानी ये धरा है।

तुलसीदास : तुम भी विश्राम करो...अच्छी पछुवा हवा चल रही है...

(दोनों लेट जाते हैं)

रामदीन : गुरु जी...आकाश में देखो...तारे कैसे जगमग कर रहे हैं।

रामप्रसाद : देखो...देखो...गुरुजी...संकट मोचन...

(रामप्रसाद को आकाश में तारों के माध्यम से हनुमान जी दिखाई पड़ रहे हैं।)

रामप्रसाद : तुमका दर्सन हुए...रामदीन भाई...

रामदीन : हाँ...हाँ...हनुमान जी...गदा लिए खड़े हैं...

रामप्रसाद : मुकुट भी दिखाई पड़ रहा है।

रामदीन : लगता है हवा में उड़ रहे हैं।

रामप्रसाद : और देखो...नीचे लंका नगरी है...कैसी जगमगा रही है...दूर तक फैली है...

रामदीन : वो देखो परकोटा...रावण का राजभवन लगता है...

रामप्रसाद : और उधर देखो, उधर...अशोक वाटिका...

रामदीन : हनुमान जी आकाश में उड़ रहे हैं...गुरु जी साफ़-साफ़ दिखाई पड़ रहा है।

तुलसीदास : जाकी रही भावना जैसी, प्रभु मूरत देखी तिन तैसी।

रामदीन : देखो लंका जलाने जा रहे हैं संकटमोचन...पूंछ में आग लगी है...आग...

(मंच के पीछे से आग-आग का शोर उठता है तीनों

उठ जाते हैं। घबरा कर पीछे देखते हैं।)

(पीछे से आवाज़) कौनो तुलसी बाबा की कुटिया में आग लगा दिहिस...

(तीनों घबरा कर खड़े हो जाते हैं।)

तुलसीदास : आग लगा दिहिस...चलो बच्चा...चलो जल्दी चलो।

रामप्रसाद : आप यहीं रुको गुरु जी...हम देखते हैं।

(दोनों भागते हैं)

तुलसीदास : अरे, हमारी पोथी कुटी में है...उसे बचा लेना...

रामदीन : *(जाते-जाते)* हाँ-हाँ गुरु जी...आप चिंता न करो...

(घाट के महंत बिशन महाराज आते हैं। उन्हें देखकर तुलसीदास कहते हैं।)

तुलसीदास : देखा महाराज...दुष्ट हमें चैन से न रहने देंगे... हमने इनका क्या बिगाड़ा है।

बिशन महाराज : ठीक कहते हो तुलसी...पर सोचने की एक बात है...जब से तुम घाट पर आये हो हर दिन कुछ-न-कुछ उल्टा-सीधा हो जाता है...अभी परसों किसी ने तुम्हारी सभा में मरा हुआ चूहा फेंक दिया था...पिछले सप्ताह दो चोर घुस रहे थे तुम्हारी कुटी में...एक रात पता नहीं किन लोगों ने पथराव कर दिया था...

तुलसीदास : बिशन महाराज हमने तो किसी का कुछ बिगाड़ा नहीं...न किसी का कुछ लिया है न किसी को कुछ दिया है...हम तो अयोध्यापति श्रीरामचन्द्र

जी की कथा करने में लगे रहते हैं।

बिशन महाराज : वो तो सब ठीक है तुलसी महाराज...पर घाट पर यह सब होना अच्छा नहीं...

(रामदीन और रामप्रसाद पोथी और कुछ कपड़े आदि लेकर आते हैं।)

रामदीन : होइहे सोई जो गुरुजी पोथी बच गयी...

तुलसीदास : राम रचि राखा...जिसकी रक्षा श्री रघुनाथ जी कर रहे हों, जो ब्रह्मा, विष्णु और शिव रूप हैं उसे 'अग्नि क्या' काल भी नहीं नष्ट कर सकता...

(पोथी हाथ में ले लेते हैं।)

रामप्रसाद : सही कहते हैं गुरु जी...पर हमारी मानें तो गुरु जी पोथी कहीं और रखवा दो...

तुलसीदास : राजा टोडरमल जी तो कई बार कह चुके हैं... हम ही ने ध्यान नहीं दिया। पर अब करना होगा।

(उसी समय पंडित गंगाधर पांडे का प्रवेश होता है। पंडित गंगाधर बहुत प्रभावशाली व्यक्तित्व के स्वामी हैं उनकी आयु भी 70 वर्ष से ऊपर है। वे काशी के एक प्रसिद्ध शिव मंदिर के महंत हैं।)

रामप्रसाद : नमस्कार पंडित जी आओ-आओ...

पंडित गंगाधर : बिशन महाराज यह तुम्हारे घाट में क्या मचा रहता है हुड़दंग...जब देखो कोई-न-कोई टंटा खड़ा रहता है...और झगड़े की जड़ यही हैं...

(बिशन महाराज तुलसीदास की ओर संकेत करते हैं।)

बिशन महाराज : हमने तो सीधा-सादा भक्त समझकर इन्हें घाट पर रहने की जगह दे दी थी...

(चंद्रकान्त का प्रवेश)

चंद्रकान्त : *(गंगाधर से)* पंडित जी प्रणाम।

पंडित गंगाधर : जय बम बोले...ओम नमः शिवाय...*(कुछ और आगे आते हैं)* ।

चंद्रकान्त : आप भी आग-आग का शोर सुन कर चले आये।

पंडित गंगाधर : कुटिया में जो आग लगी है चंद्रकान्त वह तो बुझायी जा सकती है पर राम बोला जो आग लगा रहे हैं उसे बुझाना बहुत कठिन है।

तुलसीदास : कैसे पंडित जी...हम कौन-सी आग लगा रहे हैं।

पंडित गंगाधर : ऐ राम बोला...तू इतना भोला तो नहीं है रे... हमने तेरे पास कई संदेश भेजे पर राम बोला... तेरी समझ में बात ही न आई...सोचा तू अपने को ब्राह्मण कहता है...एक बार बात कर ली जाये।

तुलसीदास : आभार महाराज।

पंडित गंगाधर : देख, जगत् को शरण देने वाले शिव हैं... तुझे...और कौन बचायेगा...बचायेंगे तो भोले शंकर ही बचायेंगे...

तुलसीदास : सत्य वचन महाराज...

पंडित गंगाधर : *(गुस्सा आ जाता है)* सत्य वचन? तू झूठ भी बोलता है राम बोला...सत्य वचन कहता है और शिव की नगरी में शिव का अपमान कर रहा है...

तुलसीदास : नहीं महाराज...मेरे तो...

पंडित गंगाधर : *(बात काट कर)* हमने सुना है तेरी *रामचरितमानस* में धर्म, अर्थ, काम और मोक्ष के स्वामी परम शुभ और आत्मतत्त्व शिव, पार्वती को रामकथा सुना रहे हैं। तू सिद्ध क्या करना चाहता है, राम बोला?

तुलसीदास : क्षमा करें महाराज हमने तो स्पष्ट लिखा है कि शिव जी के चरण कमल में जिनकी प्रीति नहीं है, वे स्वप्न में भी श्रीराम को अच्छे नहीं लगते।

पंडित गंगाधर : हमने तो ये भी सुना है राम बोला कि तूने कहीं कहा है कि शिव जी ने राम को मस्तक नवाया?

तुलसीदास : पंडित जी, भगवान राम को जो केवल अयोध्या नरेश दशरथ का पुत्र ही समझते हैं वे उनके विराट स्वरूप को नहीं जानते।

पंडित गंगाधर : तू यह कह रहा है कि जैसा तू समझता है वैसा कोई नहीं जानता...अब ये बता कि तू ये क्या कहता है कि पार्वती अपने पति शंकर भगवान के साथ राम का नाम जपा करती हैं। ये क्या है?

तुलसीदास : जो सर्वव्यापक हैं, माया रहित हैं, अजन्मा, अगोचर, इच्छा रहित और भेद रहित है...जिसे

वेद भी नहीं जानते...वही श्रीरामचन्द्र जी हैं। पंडित जी, अयोध्या नरेश रामचन्द्र जी अनादि ब्रह्म हैं।

पंडित गंगाधर : तुलसी...रामचन्द्र विष्णु के अवतार हैं उनको अनादि ब्रह्म किस शास्त्र में बताया गया है? राम बोला, काशी में केवल शास्त्रसंगत काम करने की ही अनुमति है। शास्त्र से इधर-उधर जायेगा तो भयानक परिणाम भोगना पड़ेगा...तू काशी में है राम बोला...काशी शिव के त्रिशूल पर बसी है...शिव का रुद्र रूप तूने नहीं देखा...क्यों अपनी जान के पीछे पड़ा है...काशी में उल्टी गंगा बहाना चाहता है...और मूर्ख राम और कृष्ण तो शिव भक्त हैं और तू इसका उल्टा सिद्ध करना चाहता है...कोई बता रहा था कि बालकाण्ड में तूने राम के विवाह के अवसर पर ब्रह्मा, विष्णु और महेश को उपस्थित दिखाया है? इतना अधर्म सहन नहीं होगा, राम बोला...

चंद्रकान्त : सही कह रहे हैं...पंडित जी यह तो शास्त्र विरोधी काम है...

बिशन महाराज : ये यहाँ बैठे ये सब कर रहे हैं...हमें तो पूरा पता ही न था...

पंडित गंगाधर : मेरे रहते यह असंभव है...

दृश्य-6

(अब्दुल रहीम और राजा टोडरमल सम्राट अकबर की उपलब्धियों की चर्चा कर रहे हैं। मंच पर अब्दुल रहीम ख़ानख़ाना एक फ़रमान देख रहे हैं। सामने राजा टोडरमल बैठे हैं, पीछे से शास्त्रीय संगीत सुनाई दे रहा है। उसकी बहुत धीमी आवाज़ मंच पर आ रही है। कुछ देर बाद तुलसीदास का प्रवेश होता है। रहीम और टोडरमल उन्हें सम्राट अकबर के निमंत्रण पर सीकरी भेजने का प्रस्ताव रखते हैं...लेकिन तुलसीदास बहाना बना देते हैं।)

अब्दुल रहीम : *(फ़रमान को लपेटते हुए)* महाबली ने एक ऐसी ज़िम्मेदारी मेरे ऊपर डाल दी है जिसे पूरा करना मुश्किल ही लग रहा है...

(टोडरमल रुक जाते हैं।)

टोडरमल : ख़ानख़ाना...महाबली को शायद ये यक़ीन है कि उनकी इस ख्वाहिश को अगर कोई पूरा कर सकता है तो वो आप ही हैं...

अब्दुल रहीम : लेकिन मुझे तो ये काम मलिक अम्बर को मैदाने जंग में हरा देने से भी मुश्किल लग रहा है।

(टोडरमल ठहाका लगा कर हँसते हैं।)

टोडरमल : खूब फ़रमाया आपने ख़ानख़ाना...काम तो मुश्किल है...इस फ़रमान में महाबली ने क्या हुक्म दिया है?

अब्दुल रहीम : हुक्म दिया है कि हुक्म की तामील की जाए...

टोडरमल : तो क्या आपने गोस्वामी से कुछ बात की है ?

अब्दुल रहीम : हाँ, बात कर चुका हूँ...पहले तो ये सुनते ही वो पता नहीं क्यों सन्नाटे में आ गये थे...उसके बाद बच्चों जैसी बातें करने लगे।

टोडरमल : बच्चों जैसी बातें ?

अब्दुल रहीम : हाँ...कहने लगे...मेरे पास तो वैसे कपड़े भी नहीं हैं जिन्हें पहनकर राज दरबार जाते हैं...मैं इस बात पर हँसने लगा था। मैंने कहा था गोस्वामी...आपको हिन्दुस्तान के शहंशाह महाबली अकबरे आज़म ने बुलाया है, बेहतरीन-से-बेहतरीन लिबास तैयार हो जायेंगे। तीन महीने बाद मिले तो मैंने याद दिलाया कि आपने सीकरी जाने के बारे में क्या सोचा? तो बोले कि मैं तो भूल ही गया था...सोचता क्या? ख़ैर मैंने कहा कि अब सोच लीजिए और बताइये क्योंकि सीकरी से इस बारे में कई बार पूछा जा चुका है...फिर कहने लगे कि मैं सोच कर बताता हूँ...मिले तो बोले मैं जाऊँगा कैसे? मेरे पास तो घोड़ा, रथ कुछ नहीं है...ये भी बच्चों वाली बात थी...छोटी-छोटी बातों का ज़िक्र करने लगे...फिर कहने लगे कि सम्राट को पाँच अशर्फ़ियाँ भेंट की जाती हैं...मेरे पास तो...पाँच कौड़ी भी नहीं हैं...मैंने फिर समझाया कि ये सब छोटी-छोटी बातें हैं... सब हो जायेगा पहले आप हाँ तो कहिए...

टोडरमल : फिर क्या हुआ ?

अब्दुल रहीम : कोई जवाब नहीं आया तो मैं गोस्वामी के पास

गया और पूछा कि महाराज आपने क्या सोचा तो बड़े भोलेपन से जवाब दिया कि अरे हम तो लंका काण्ड लिखने में इतना लग गये थे कि और कुछ सोच ही नहीं पाए...अब सोचते हैं...

टोडरमल : फिर...

अब्दुल रहीम : राजा साहब आप अंदाज़ा लगा सकते हैं कि मेरे ऊपर क्या गुज़र रही होगी...एक तरफ़ महाबली के फ़रमान पर फ़रमान और दूसरी तरफ़ गोस्वामी की उदासीनता...उसके बाद ही मैंने आपसे मदद मांगी थी...सोचा था कि आप बनारस के पुराने बाशिन्दे और गोस्वामी के संरक्षक हैं...हो सकता है, वे आपके कहने से तैयार हो जायें...

टोडरमल : आप भी कवि हैं ख़ानख़ाना और गोस्वामी भी कवि हैं...कवियों के बीच मेरे जैसे मुंशी की क्या भूमिका हो सकती है...लेकिन आपके कहने पर मैंने गोस्वामी से बात की थी...उन्होंने मुझसे कहा था—राजा साहब...मैं तो राम का छोटा-सा भक्त हूँ...मैंने कहा था आपके और आपके राम के बीच जो संबंध है...उसे कौन बिगाड़ सकता है और फिर सीकरी शक्ति, ज्ञान और सुंदरता की त्रिवेणी बन गयी है। हिन्दुस्तान के तख़्त पर लम्बे अरसे के बाद एक ऐसा बादशाह विराजमान है जो कला का पारखी, ज्ञान का प्यासा है और उसी के साथ-साथ महाबली है...जिसके साम्राज्य में सभी धर्मों का बराबर सम्मान है। वह पूरे देश से उन लोगों को अपने दरबार में लाता है जो अपने फ़न में माहिर होते हैं...मैंने उनसे कहा था कि गोस्वामी महाबली

के दरबार में आप जैसे उच्च कोटि के कवि को इतना सम्मान मिलेगा जितना आज तक किसी दरबार में किसी कवि को नहीं मिला।

(कुछ क्षण दोनों चुप हो जाते हैं। टोडरमल सोचने लगते हैं और रहीम फ़रमान देखने लगते हैं।)

टोडरमल : अब समझ में नहीं आता उन्हें कैसे समझाया जाये...

(मंच पर एक सेवक आकर बताता है)

सेवक : गोस्वामी पंडित तुलसीदास महाराज पधारे हैं।

(रहीम और टोडरमल चौंक जाते हैं लेकिन फिर सामान्य होकर कुछ खुश हो जाते हैं।)

अब्दुल रहीम : यह तो बहुत ही अच्छा हुआ हम दोनों एक साथ उनसे बात कर सकेंगे। *(सेवक से)* उन्हें सम्मान के साथ लाया जाए।

टोडरमल : आपको रात वाली घटना के बारे में पता है।

अब्दुल रहीम : हाँ, मेरी जानकारी में है...बहुत दुःख और पीड़ा दायक घटनाएँ घट रही हैं गोस्वामी के साथ...

टोडरमल : मुझे लगता है कि शायद रात वाली घटना के बाद गोस्वामी ने अपने फ़ैसले पर फिर से विचार किया होगा...

अब्दुल रहीम : ऐसा हो गया हो तो बहुत ही अच्छा है।

टोडरमल : पिछली बातों को छेड़े बिना उनसे यह कहा जा सकता है कि उनके सीकरी जाने का इंतज़ाम हो गया है।

अब्दुल रहीम : हाँ, आपका यह सुझाव बहुत अच्छा है।

(तुलसीदास मंच पर आते हैं)

अब्दुल रहीम : आइये-आइये गोस्वामी आइये...जय हो!

तुलसीदास : राम-राम!

टोडरमल : राम–राम तुलसीदास जी...

तुलसीदास : *(रहीम से)* महाराज आपको धन्यवाद देने आया हूँ...आपने बड़ी कृपा की...उस असहाय और निर्धन औरत का काम बना दिया...वह मेरे पास आयी थी...मेरे पास क्या है जो मैं उसे देता...इसलिए आपके पास भेज दिया...और आपने उसे मुँह माँगी रकम से ज़्यादा ही दे दिया...आप जैसे देने वाले कम ही होंगे...आपके दान देने की शैली पर एक दोहा लिखा है। *(दोहा पढ़ता है)*

''ऐसी देनी देंन ज्यूँ, कित सीखे हो सैंन
ज्यों–ज्यों कर ऊंच्यो करो, त्यों–त्यों नीचे नैन।''

अब्दुल रहीम : धन्यवाद गोस्वामी! देता मैं कहाँ हूँ, देने वाला तो कोई और है।

''देनहार कोई और है, भेजत जो दिन रैन
लोग भरम हम पर करे, तासो नीचे नैन।''

तुलसीदास : धन्य हो! धन्य हो!!

टोडरमल : गोस्वामी...पिछली रात आपके साथ जो कुछ घटा वह बहुत चिंताजनक है।

अब्दुल रहीम : लगता है काशी में वे लोग आपको रहने नहीं देंगे...

तुलसीदास : साहब जी हम तो भगवान राम के सहारे हैं...वे चाहेंगे तो हमारा कोई कुछ न बिगाड़ सकेगा...

टोडरमल : हाँ आप ठीक कहते हैं गोस्वामी...उनकी तो कृपा आप पर सदा बनी रहेगी...और उन्हीं की कृपा से आपके लिए बहुत शुभ समाचार है...

तुलसीदास : *(निराशा से)* शुभ...मेरे लिए?

टोडरमल : हाँ–हाँ गोस्वामी...

तुलसीदास : क्या है?

अब्दुल रहीम : सीकरी में आपके स्वागत की सारी तैयारियाँ हो गई हैं...

टोडरमल : यहाँ से जाने का बन्दोबस्त हो चुका है...

अब्दुल रहीम : आपकी सवारी के लिए दो रथों का इंतज़ाम किया गया है। बाकी सब तो है ही है...सामान के लिए छकड़े और बैलगाड़ियाँ...

टोडरमल : आपके साथ...पच्चास सैनिकों का एक दल भी जायेगा...

अब्दुल रहीम : इसके अलावा आप अपने साथ जिसे चाहे ले जा सकते हैं...

टोडरमल : आप जलमार्ग से जाना चाहें तो उसकी भी व्यवस्था हो सकती है।

अब्दुल रहीम : सफ़र में आपके साथ मीरे कारवाँ–मुंशी, मुख्तार, दारोगा सब होंगे। यात्रा की पूरी ज़िम्मेदारी उन्हें ही दी गई है।

टोडरमल : आपके कपड़े तैयार हैं...दरबार वाले भी और साधारण भी...

अब्दुल रहीम : बनारस से सीकरी की दूरी तय करने में दो महीने का समय लगता है गोस्वामी...

टोडरमल : रात में रुकने, ठहरने और भोजन आदि की उत्तम व्यवस्था हो गई है।

अब्दुल रहीम : महाबली अभी गुजरात में हैं वे माघ में वहाँ से सीकरी पहुँचेंगे...आप भी यहाँ से अगले महीने निकलेंगे तो माघ तक सीकरी पहुँच जायेंगे।

टोडरमल : मुझे विश्वास है गोस्वामी...महाबली आपको बड़ी जागीर देंगे...

अब्दुल रहीम : और उसके पहले आप शाही ख़िताब से भी नवाज़े जायेंगे।

टोडरमल : इबादत ख़ाने में आपके बैठने के लिए आसन बनाया जा चुका है।

अब्दुल रहीम : रहने की व्यवस्था भुज महल में की गई है... जहाँ महाराणा अमर सिंह देव जी ठहरते हैं।

टोडरमल : आपकी आगवानी के लिए महाबली मुल्ला बदायूँनी को इटावा भेजेंगे...

(तुलसीदास कुछ नहीं बोल रहे हैं। उनके चेहरे पर संकोच और भय के भाव हैं।)

टोडरमल : *(तुलसीदास को ख़ामोश देखकर)* गोस्वामी आप क्या विचार कर रहे हैं?

तुलसीदास : हम डर गये हैं...

टोडरमल : डर गये हैं? डर कैसा...आपके साथ पच्चास घुड़सवार सिपाही जा रहे हैं।

तुलसीदास : भय बाहर का नहीं है...अंदर का भय है।

टोडरमल : कैसी बातें कर रहे हैं गोस्वामी...

अब्दुल रहीम : हम आप पर कोई दबाव नहीं डालना चाहते... जैसा आपके मन में आये।

तुलसीदास : हम जानते हैं साहब जी...आप तो हमारा शुभ-ही-शुभ चाहते हैं...पर हमारी समझ में कुछ आ नहीं रहा...

टोडरमल : इसमें समझने की कोई बात तो नहीं है गोस्वामी...

तुलसीदास : इसमें समझने की ही बात है राजाजी...

टोडरमल : क्या?

तुलसीदास : कहाँ हम, कहाँ सीकरी...

अब्दुल रहीम : आप महाकवि हैं तुलसीदास...और महाकवि का स्थान सदा बहुत ऊँचा होता है।

तुलसीदास : कवि-अवि तो हम नहीं हैं...हमें...कविता का ज्ञान शून्य है...उल्टा-सीधा जो समझ में आता है रच देते हैं...पर उसमें इतना बड़ा नाम जुड़ा है कि लोग कविता समझते हैं...

टोडरमल : गोस्वामी आप तो जानते ही हैं कि ज़िल्ले सुब्हानी कोई मामूली सम्राट नहीं हैं...उन्होंने ऐसे काम किये हैं जो उनसे पहले कोई और न कर सका...जाज़िया ख़त्म करने से लेकर गऊ हत्या पर प्रतिबंध लगाने वाले वे ही हैं...सभी धर्मों को जानने, समझने की कोशिश करने वाले वे ही हैं...

अब्दुल रहीम : ऐसा सम्राट आपको कहाँ मिलेगा गोस्वामी जो अपने कारख़ानों में एक मज़दूर की जगह काम करता है...मैंने उन्हें खुद तोप ढलाई के काम में एक मज़दूर की तरह काम करते हुए देखा है...और फिर गोस्वामी...सबसे बड़ी बात ये है कि वे आपकी कविता के प्रशंसक हैं।

तुलसीदास : कविता के प्रशंसक हैं...यह तो मेरा बड़ा सौभाग्य है...मेरी कविता उसी को भाती है जिसे मेरे आराध्य भाते हैं...बहुत बड़ी बात है राजा साहब...

टोडरमल : इसी कारण आपको बुलाया है उन्होंने...

तुलसीदास : कविता के प्रशंसक हैं...मुझसे क्या लेना-देना।

अब्दुल रहीम : कैसी बातें कर रहे हैं गोस्वामी...आपने उस कविता को रचा है...आपके बिना वह कविता हो ही नहीं सकती।

तुलसीदास : कविता का महत्त्व है...कवि का क्या है...

टोडरमल : मैंने स्वयं महाबली को आपकी रचनाएं सुनाई हैं...गोस्वामी हमें निराश न कीजिए...

तुलसीदास : सच्चाई यह है राजा जी कि हम राज दरबार में जाने योग्य नहीं हैं...

अब्दुल रहीम : आपके संकोच को महाबली समझते हैं...और उनका आदेश है कि आप राज दरबार में न आना चाहें तो इबादतखाने में मिल सकते हैं।

तुलसीदास : हम कोई विद्वान नहीं हैं...रामभक्त हैं...हमसे विद्वता न होगी।

अब्दुल रहीम : गोस्वामी आप जो चाहे वह बोलिएगा...और जो न चाहें न बोलिएगा...वहाँ आपकी उपस्थिति से ही महाबली बहुत प्रसन्न होंगे...

तुलसीदास : क्षमा करें वहाँ जाने का मेरे अंदर साहस नहीं है...साहब जी...एक धोती में जीवन काटने वाला सम्राट से क्या मिलेगा...

टोडरमल : गोस्वामी...किसी से ये छिपा नहीं है कि काशी के लोग आपके साथ क्या व्यवहार कर रहे हैं...आपका जीवन कितना कठिन हो गया है...कहीं आपकी सभाओं पर लोग हड्डियाँ फेंक देते हैं और कहीं तरह-तरह से आपका अपमान

करते हैं...आपको रहने क्या ठहरने तक की जगह देने को कोई तैयार नहीं है। आप पर काशी में...तरह-तरह के झूठे-सच्चे आरोप लगाये जा रहे हैं...अगर एक बार...केवल एक बार...आप सीकरी चले जाएं तो ये घटनाएं अपने आप बंद हो जायेंगी। किसी के अंदर इतना साहस नहीं होगा कि आपका अपमान कर सके।

तुलसीदास : अपमान और मान भक्त के लिए समान है राजा जी...राम मेरी बिगड़ी सुधार लेंगे...उनकी कृपा की कोई सीमा नहीं है...राम से उत्तम स्वामी और मुझसे बुरा सेवक न मिलेगा पर फिर भी उन्होंने कृपा की है।

टोडरमल : आप ठीक कहते हैं गोस्वामी...पर एक बार सीकरी चले जाने में क्या हानि है...

तुलसीदास : राजा जी हमारे लिए न लाभ है और न कोई हानि है...

अब्दुल रहीम : महाबली कला के पारखी हैं...गोस्वामी आपकी कला का पूरा सम्मान दरबार में ही होगा...

तुलसीदास : मान और सम्मान लेने वाले तो दशरथ पुत्र श्रीरामचन्द्र जी ही हैं।

(राजा टोडरमल और अब्दुल रहीम निराश होकर एक-दूसरे की तरफ़ देखते हैं।)

दृश्य-7

(मंच पर सिंहासन लगा हुआ है। मंच के दोनों ओर से दरबारी आकर दो पंक्तियों में खड़े हो जाते हैं। एक औपचारिक घोषणा के बाद सम्राट दरबार में प्रवेश करते हैं। दरबार की कार्यवाही शुरू होती है। वे चित्रकार जिन्हें राम और सीता के चित्र बनाने के लिए कहा गया है, वे अपने-अपने चित्र सम्राट को दिखाते हैं। सम्राट की यह इच्छा है कि इन चित्रों के आधार पर एक सोने का सिक्का ढाला जाए। सम्राट की इस इच्छा पर बदायूंनी टिप्पणी करते हैं कि यह ग़ैर-इस्लामी काम होगा। अकबर इसे स्वीकार नहीं करते और राम टका बनाने का आदेश दे देते हैं। सीन के अंत में अकबर अबुल फ़ज़ल से पूछते हैं कि अब तक तुलसीदास सीकरी क्यों नहीं आये।)

उद्घोषणा : बाअदब, बामुलाहिज़ा, होशियार, अबुल फतेह, साहिबे जमाँ, पादशाहे ग़ाज़ी, ज़िल्ले सुब्हानी, सिकन्दरे सानी, शहंशाहे हिन्दोस्तान, महाबली जलाउद्दीन मोहम्मद, अकबर तशरीफ़ लाते हैं।
(सारे दरबारी दो पंक्तियों में खड़े हैं। अकबर का प्रवेश। दरबारी झुककर सलाम करते हैं, अकबर सिंहासन पर बैठ जाते हैं। अबुल फ़ज़ल आगे आते हैं और झुक कर तीन बार सलाम करने के बाद पूछते हैं।)

अबुल फ़ज़ल : ज़िल्ले सुब्हानी हुक्म हो तो दरबार की कार्यवाही शुरू की जाए...ख्वाज़ा अबुल समद हाज़िर हैं...

(ख्वाज़ा अबुल समद आगे आकर सलाम करते हैं।)

अकबर : समद तस्वीरें बन गयीं?

समद : आपके हुक्म की तामील की गयी है।

अकबर : तस्वीरें दिखायी जाएँ।

(चित्रकार बसावन आता है और चित्र दिखाता है।)

अकबर : तस्वीर अच्छी है लेकिन जैसी हम चाहते हैं वैसी नहीं है...हम चाहते हैं राम और सीता की एक ऐसी तस्वीर हो जो उनके किरदार की अक्कासी करती हो।

समद : दूसरे मुसव्विरों ने भी तस्वीरें बनायी हैं महाबली...

अकबर : दिखाई जाएँ...

(चित्रकार दसवंत अपन चित्र लेकर आता है।)

अकबर : हाँ ये तस्वीर बेशक खूबसूरत है...लेकिन हम चाहते हैं ऐसी तस्वीर बनायी जाए जैसी 'हमज़ानामा' में बनी है और सोने का एक ऐसा सिक्का ढलवाया जाए जिस पर राम और सीता की बेहद खूबसूरत तस्वीर हो...

समद : जहाँपनाह मुसव्विर गोबर्धन ने भी राम और सीता की तस्वीर बनायी है।

अकबर : बहुत खूब...गोबर्धन के फ़न के तो हम क़ायल

हैं...उसकी तस्वीर दिखायी जाए।

(गोबर्धन अपना चित्र लेकर आता है और अकबर को दिखाता है।)

अकबर : बहुत खूब...तस्वीर खूबसूरत है...लेकिन सवाल ये है कि क्या सिक्के पर भी इतनी ही खूबसूरती से उभर पायेगी।

गोबर्धन : अन्नदाता ये तो सिक्के ढालने वाले ही बता सकते हैं...मुझे नहीं मालूम कि इसका साँचा कैसे बनेगा?

अकबर : टकसाल के मुंशी को हाज़िर किया जाए...मैं चाहता हूँ कि ऐसा सिक्का बने जो अपनी मिसाल आप हो...जैसे राम और सीता अपनी मिसाल आप हैं।

अबुल फ़ज़ल : बेशक, जहाँपनाह...यकीनन सिक्का बहुत खूबसूरत होना चाहिए...

(टकसाल का मुंशी प्रवेश करता है। वह झुककर कई बार सलाम करता है।)

अबुल फ़ज़ल : टकसाल का मुंशी हाज़िर है महाबली।

अकबर : तुम इस तस्वीर को देख रहे हो...और इस मुसव्विर को पहचानते हो जो हमारे दरबार का सबसे बड़ा मुसव्विर है।

टकसाल का मुंशी : पहचानता हूँ जहाँपनाह...इनके फ़न की तो दुनिया क़ायल है।

अकबर : इन्होंने राम और सीता की यह तस्वीर बनाई है। मैं चाहता हूँ कि इस तस्वीर को सिक्के में ढाला

जाए...सोने का एक निहायत खूबसूरत सिक्का बनाया जाए जिसे रामटका कहा जायेगा...और रामटका बनाने की ज़िम्मेदारी तुम्हारे ऊपर है।

टकसाल का मुंशी : हुक्म की तामील की जायेगी हुज़ूर...

अकबर : पहले साँचा तैयार किया जाए...उसके बाद एक सिक्का ढाल कर हमें दिखाया जाए...अगर कुछ कमी नज़र आयेगी तो साँचे को फिर से तैयार करना पड़ेगा और अगर कोई कमी नज़र न आयी तो सिक्के ढालने का काम शुरू हो जायेगा।

टकसाल का मुंशी : जी हुज़ूर...

अकबर : हम चाहते हैं कि ये सिक्का हमारे तमाम सिक्कों में सबसे ज़्यादा खूबसूरत हो...क्या ख़याल है मुल्ला बदायूंनी ?

मुल्ला बदायूंनी : *(हाथ जोड़कर)* शहंशाहे हिन्दोस्तान अगर जान की अमां पाऊं तो कुछ अर्ज़ करूँ।

अकबर : हाँ-हाँ, कहो मुल्ला कहो...

मुल्ला बदायूंनी : हुज़ूर, सिक्के पर तस्वीर ढलवाना मुनासिब नहीं है।

अकबर : क्यों ?

मुल्ला बदायूंनी : शरा में यह शिर्क माना जायेगा।

अकबर : शिर्क ?

मुल्ला बदायूंनी : जी हाँ, इस्लाम इसकी इजाज़त नहीं देता...

अकबर : तस्वीर बनाने की इजाज़त नहीं है...लेकिन हमारे कुतुबखाने में हज़ारों किताबें ऐसी हैं जिनमें

लाखों तस्वीरें बनी हुई हैं...आज से नहीं हमेशा से...तस्वीरें बनायी जाती हैं...

मुल्ला बदायूंनी : हुज़ूर, किताबों में बनायी गई तस्वीरों और सिक्के पर ढाली गई तस्वीर में फ़र्क है।

अकबर : क्या फ़र्क है...क्या सिक्के पर ढाली गई तस्वीर में वह शक्ल नहीं नज़र आयेगी जो काग़ज़ पर बनायी गई तस्वीर पर दिखाई देती है?

मुल्ला बदायूंनी : नहीं हुज़ूर, तस्वीर तो दोनों में एक ही नज़र आयेगी...

अकबर : फिर क्या फ़र्क है?

मुल्ला बदायूंनी : सिक्के पर तस्वीरकशी...बुत माना जायेगा और बुतपरस्ती कुफ़्र है।

अकबर : क्या तुम्हें सिक्के पर बनी तस्वीर बुत लगती है?

मुल्ला बदायूंनी : नहीं मुझे तो नहीं लगती...लेकिन आम लोगों को लग सकती है।

अकबर : तो इसमें ख़ता सिक्के की होगी? या उन लोगों की जिन्हें ये तस्वीर बुत लगेगी...या उसकी जिसने यह सिक्का ढलवाया होगा?

मुल्ला बदायूंनी : ख़ता लोगों की होगी हुज़ूर!

अकबर : अगर ख़ता लोगों की होगी तो लोगों को सज़ा देनी चाहिए ना कि सिक्के को ढलवाने वाले को...

मुल्ला बदायूंनी : हुज़ूर लोग सिक्के की पूजा करना शुरू कर देंगे...

अकबर : मुल्ला बदायूंनी लोग तो पत्थर की पूजा करते हैं...क्या तुम पूरी दुनिया से पत्थर हटा सकते हो...

मुल्ला बदायूंनी : नहीं महाबली, नहीं!

अकबर : कोई तुम्हारी ही पूजा करने लगे मुल्ला बदायूंनी तो तुम क्या कर लोगे...लोग तो वो करते ही रहेंगे जो करना चाहते हैं...

मुल्ला बदायूंनी : *(दबी ज़ुबान से)* हुजूर अगर मुनासिब समझें तो सद्रुस्सुदूर से राय ले ली जाए...वो दरबार में ही मौजूद हैं...

(सद्रुस्सुदूर शेख़ अब्दुन्नबी अकबर के सामने आते हैं और झुक कर सलाम करते हैं।)

अक़बर : आप फ़रमाइए शेख़ साहब...क्या तस्वीर बनाना जायज़ है?

सद्रुस्सुदूर : हुज़ूरेवाला हदीस और फिक़्ह के मुताबिक तस्वीर बनाना हराम है...

अकबर : क्यों?

सद्रुस्सुदूर : अब्दुल्ला इब्ने मसूद रहमत उल्लाहे व बरेकात फ़रमाते हैं कि जो तस्वीरकशी करते हैं उन्हें अल्लाह क़यामत के दिन सख़्त सज़ा देगा।

अकबर : ये हमारे सवाल का जवाब नहीं है।

सद्रुस्सुदूर : अब्बू हूरैरा रहमत उल्लाहे व बरेकात के मुताबिक जो लोग अल्लाह की बनायी हुई चीज़ों को फिर से बनाने की कोशिश करते हैं वे गलत हैं। क्या वो गेहूँ का एक दाना बना सकते हैं?

अकबर : ये भी हमारी बात का जवाब नहीं है।

सद्रुस्सुदूर : इब्ने अब्बास रहमत उल्लाहे व बरेकात का

इरशाद है कि हर तस्वीर बनाने वाला जहन्नुम की आग में जलेगा।

अकबर : अगर तस्वीर बनाना इतना ही बड़ा गुनाह है तो उसके बारे में *क़ुराने पाक* में क्या हिदायत दी गई है?

सद्रुस्सुदूर : *(कुछ देर सोच कर) क़ुरान शरीफ़* में ऐसी कोई हिदायत नहीं है।

अकबर : अगर तस्वीरकशी इतनी ही बुरी है...तो ज़रूर इसके बारे में साफ़ हिदायत दी गई होती...

सद्रुस्सुदूर : मेरे इल्म में जो कुछ है...वो मैंने अर्ज़ किया...

अकबर : बजा फ़रमाते हैं शेख़ साहब...हम इस बात को समझ गये हैं...सिक्के पर तस्वीर बनवाई जा सकती है...

दृश्य-8

(सड़क के किनारे एक नुक्कड़ पर तुलसीदास रामलीला की तैयारी कर रहे हैं। सब्ज़ी बेचने वाली एक कुंजड़िन अपने सिर पर टोकरा रख के आवाज़ लगाती आती...)

कुंजड़िन : ले धनिया, मेथी, सोआ, पालक, चौलाई, बथुआ, करेमूँ, नोनियाँ, कुलफा, कसारी, चना सरसों का साग। मरसा ले मरसा, ले बैग़न, लौआ, कोहड़ा, आलू, अरूई, बण्डा, नेनुआँ, सूरन, रामतरोई, तोरई...

(रामू द्विवेदी कुंजड़िन के पास आते हैं और कहते हैं।)

रामू द्विवेदी : आगे बढ़ जाओ आगे...इधर रामलीला खेली जायेगी...

कुंजड़िन : खेलो रामलीला...हम रोका है क्या... ?

रामू द्विवेदी : अरे थोड़ा आगे बढ़कर बेच लेगी तो कौन-सा पहाड़ टूटेगा...इधर रामलीला हो जाने दे।

कुंजड़िन : हमें न दिखाओगे रामलीला...

रामू द्विवेदी : जो चाहे देख ले...सबके लिए हो रही है।

कुंजड़िन : सिर से बोझा उतरवाओ...

(रामू द्विवेदी कुंजड़िन के सिर पर रखा भारी टोकरा उतारने में मदद करते हैं और टोकरे को नीचे रख कर कुंजड़िन वहीं बैठ जाती है। अभिनेता मंच का

सामान आदि ला रहे हैं। एक-दो अभिनेता अपने संवादों की रिहर्सल कर रहे हैं। नाथपंथी बाबा आ जाते हैं। नारे लगाते हैं, 'जोगी आया भक्त भागा।' नाथपंथी सारी सभा को डिस्टर्ब कर देते हैं।)

तुलसीदास : सब अपने-अपने भेस में आ जाओ...भरत मिलाप का अभिनय होना है...राम की भूमिका कौन कर रहा है...

रामप्रसाद : बाबा जी...राम की भूमिका शिव शंकर कर रहे हैं...उधर बैठे अपना भेस बना रहे हैं।

तुलसीदास : प्रेम प्रकाश कहाँ है...उसको भरत की भूमिका करनी है...

रामप्रसाद : प्रेम प्रकाश तो अभी आये नहीं...

(एक लड़का भागता हुआ आता है और कहता है।)

लड़का : बाबा...प्रेम चाचा न आयेंगे...उनका पेट पिराता है...दिसा मैदान गये हैं।

तुलसीदास : तो भरत की भूमिका कौन करेगा फिर...

रामदीन : संजीवन कर देगा बाबा जी...

तुलसीदास : तो उसका भी भेस भरा दो...

(राम की भूमिका करने वाला शिव शंकर राम की वेशभूषा में मंच पर आता है और तुलसीदास के सामने खड़ा हो जाता है। तुलसीदास उसे देख कर कहते हैं...)

तुलसीदास : भेस तो बढ़िया बनाया है...पर तुम्हारा धनुष-बाण कहाँ है...

शिव शंकर : धनुष की तांत निकल गयी है बाबा...श्यामु ठीक कर रहा है...

(श्यामु धनुष-बाण लेकर मंच पर आ जाता है और शिव शंकर धनुष को कंधे पर रख लेता है... मंच पर कुछ कृष्ण भक्त मंजीरा और ढोलक बजाते, कृष्ण भक्ति का गीत 'मइया मोरी मैं नहीं माखन खायो...' गाते हुए प्रवेश करते हैं और तनमयता से गाने लगते हैं।)

रामू द्विवेदी : *(कृष्ण भक्तों से)* आप लोग कृपा करके यहाँ से आगे निकल जाइये। यहाँ रामलीला होने जा रही है।

कृष्ण भक्त-1 : क्यों निकल जाएँ...क्या यह चबूतरा आपने अपने नाम लिखा लिया है।

रामू द्विवेदी : नाम तो किसी के कुछ नहीं लिखा है महाराज... आप से निवेदन कर रहे हैं कि थोड़ा आगे बढ़ जाइये।

कृष्ण भक्त-2 : नहीं बढ़ेंगे आगे...जहाँ मन आयेगा...वहीं कृष्ण भक्ति के गीत गायेंगे।

तुलसीदास : मैं हाथ जोड़कर आपसे विनय करता हूँ।

कृष्ण भक्त-1 : हम कहीं न जायेंगे...कृष्ण की महिमा के रहते सब धूल समान है...

रामू द्विवेदी : राम और कृष्ण में कोई अंतर नहीं है महाराज...

कृष्ण भक्त-2 : अरे अंतर है। बहुत बड़ा अंतर है...हम कहीं न जायेंगे...यहीं पर भजन गायेंगे...

(कृष्ण भक्त मंच के एक कोने पर बैठ कर भजन गाते रहते हैं... रामलीला के दर्शक आकर बैठने लगते हैं। अभिनेता मंच के पीछे चले जाते हैं। तुलसीदास हाथ जोड़कर दर्शकों के सामने खड़े होते हैं।)

तुलसीदास : सज्जन जणों इस समय राम कथा का भरत मिलाप दृश्य दिखाया जायेगा...राम कथा सबका दुःख हरने वाली कथा है...राम कथा से ही वैतरणी पार होती है...राम कथा से सब दुःख दूर होते हैं...राम कथा माया-मोह से मुक्त करती है...

(तुलसीदास दर्शकों में जाकर बैठ जाते हैं और मंच पर एक ओर श्रीराम का प्रवेश होता है...संगीत मण्डली गाती है...)

गायन : सब रघुपति मुख कमल बिलोकहिं।
मंगल जानि नयन जल रोकहिं।
कनक थार आरती उतारहिं।
बार बार प्रभु गात निहारहिं॥

(इसी समय कुछ गोरख पंथियों का प्रवेश होता है... वे सब त्रिशूल लिए हुए हैं...सबने शरीर पर भभूत लगाया हुआ है। छोटा दुपट्टा डाला है...गले में ऊनी धागे बंधे हैं जिनमें श्रृंगी नाद बँधी हुई है। कुछ धागों को उन्होंने अपने सिर पर भी लपेटा हुआ है। वे मंच पर आकर अपना-अपना त्रिशूल ज़मीन पर पटक कर चिल्लाते हैं...)

गोरख पंथी : गोरख जगायो जोग
भक्ति भगायो लोग।

(तुलसीदास खड़े हो जाते हैं...)

तुलसीदास : आप लोग काहे को हमारे काम में बाधा डाल रहे हैं...आप अपना काम करें, हमें अपना काम करने दें...

गोरख पंथी-1 : भगत...इन सबको *(बैठे हुए लोगों की तरफ़ इशारे करते हुए)* क्यों उल्टा पाठ पढ़ा रहा है... भक्ति मार्ग से क्या होगा...तबला मंजीरा बजाने से क्या मिल जायेगा...

तुलसीदास : आपका अपना रास्ता है महाराज...हमारा अपना रास्ता है...

गोरख पंथी-2 : तेरा रास्ता इनको नरक में ले जायेगा भगत...

तुलसीदास : महाराज...राम भक्ति तो स्वर्ग का द्वार है...

(गोरख पंथी फिर नारा लगाते हैं।)

सभी गोरख पंथी : गोरख जगायो जोग
भक्ति भगायो लोग।

गोरख पंथी-1 : मूलाधार चक्र में ही मर जाओगे। कुंडलियों को जगाओ। कुंडलियाँ जगीं तो मोक्ष, नहीं तो मूलाधार चक्र में ही फँसे रहना।

तुलसीदास : राम भक्ति से अधिक मोक्ष कहाँ मिलेगा महाराज!

(चारों गोरख पंथी अपने-अपने त्रिशूल लेकर लोगों पर हमला करते हैं...लोग भाग जाते हैं... तुलसीदास अकेले खड़े रहते हैं।)

तुलसीदास : यह तो बड़ा अन्याय कर रहे हैं आप लोग...

(चारों गोरख पंथी चारों ओर से अपने-अपने त्रिशूल तुलसीदास के शरीर पर लगा देते हैं।)

गोरख पंथी-2 : भाग जा भगत...नहीं तो...

(गोरख पंथी, तुलसीदास और सभी फ्रीज हो जाते हैं। पीछे से बहुत हल्की आवाज़ में रामचरितमानस और सूरदास के पद के मिले-जुले स्वर सुनाई देते

हैं। मंच के अगले भाग में एक ओर से महामहिम पंडित आचार्य त्रिभुवन दास और दूसरी ओर से महापंडित सेवा सुकुल का प्रवेश होता है। त्रिभुवन दास के पीछे भोला पंडित आता है। उनके पीछे उनके समर्थक भी हैं। पंडित त्रिभुवन दास और आचार्य चंद्रकान्त मिश्र एक-दूसरे के आमने-सामने अकड़ कर खड़े हो जाते हैं।)

पं. त्रिभुवन दास : पंडित चंद्रकान्त...खोजते-खोजते आज मिले हैं आप...

आचार्य चंद्रकान्त : खोजने का काम आप से नहीं हो सकता महाराज...खोज वही पाता है जो उपासना करता है...आप जैसे क्या खोजेंगे...और उन्हें क्या मिलेगा।

(पंडित त्रिभुवन दास एक ज़ोर का ठहाका लगाते हैं।)

पं. त्रिभुवन दास : बुद्धि और तर्क के शत्रु...अज्ञानी...अपना पक्ष सामने रखो...

आचार्य चंद्रकान्त : हमारा पक्ष तो सबके सामने है...सभी जानते हैं कि भक्ति का मार्ग उत्तम मार्ग है...सगुण ब्रह्म से ही साधना संभव है।

पं. त्रिभुवन दास : प्रारंभिक बिन्दु ये कि परमसत्ता ने प्रकृति को बनाया है तो परमसत्ता को प्रकृति कैसे चिन्हित करा सकती है।

आचार्य चंद्रकान्त : यह सब जानते हैं कि जिस प्रकार महापुरुष के पदचिन्हों पर चलता हुआ आदमी परमसत्य

तक पहुँचता है उसी प्रकार सत्य तक पहुँचने का रास्ता सगुण भक्ति है।

(भोला पंडित हाथ बढ़ा कर पान चंद्रकान्त मिश्र के सामने लाते हैं।)

आचार्य चंद्रकान्त : अभी पान न लेंगे...

पं. त्रिभुवन दास : अरे पान मुँह में डाल लीजिए...और घर जाइये...आप शास्त्रार्थ क्या करेंगे...

आचार्य चंद्रकान्त : तर्क में पिछड़ने लगे तो ऐसी बातें कर रहे हैं...

पं. त्रिभुवन दास : तर्क तो ऐसा है पंडित जी कि आपके उठाये न उठेगा...परमसत्ता को सीमित नहीं किया जा सकता...उसे मूर्ति में ढालकर सीमित कर देना क्या परमसत्ता तक पहुँचने का कोई माध्यम बन सकता है।

आचार्य चंद्रकान्त : निर्गुण-निराकार का कोई ध्यान ही संभव नहीं है महाराज...यही कारण है कि केवल सगुण रूप ही हमें दिखाई देता है।

पं. त्रिभुवन दास : कम बुद्धि के लोग ऐसा ही मानते हैं...यही उनकी सीमा है...और यही उनका भटकाव है...

आचार्य चंद्रकान्त : महाराज! आप मुझे मंदबुद्धि कह रहे हैं...आप स्वयं मूर्ख हैं...

पं. त्रिभुवन दास : महामूर्ख! निपट अज्ञानी तुम मुझे मूर्ख कह रहे हो।

आचार्य चंद्रकान्त : हाँ तुम मूर्ख हो!

पं. त्रिभुवन दास : मूर्खों को भाषा से उत्तर नहीं दिया जाता... *(अपने लठैतों से)*-भगाओ इन मूर्खों को यहाँ से...

(दोनों ओर के लठैत आपस में भिड़ जाते हैं, बहुत शोर मचता है। इस बीच एक नास्तिक का प्रवेश होता है। नास्तिक ज़ोर का ठहाका लगाता है। सब चुप हो जाते हैं।)

नास्तिक : *(बहुत ऊँची आवाज़ में)* जो नहीं है उसके लिए इतना उत्पात...पृथ्वी, जल, तेज और वायु के अतिरिक्त कुछ नहीं है...न आत्मा न परमात्मा।

पं. त्रिभुवन दास : क्या अनर्गल बकता है नास्तिक...कुछ नहीं है तो यह सब क्या है जो तू देख रहा है...

नास्तिक : यह तेरा अज्ञान है...

आचार्य चंद्रकान्त : तू बड़ा ज्ञानी है...

नास्तिक : *(ज़ोर-ज़ोर से)* तत्त्वसंग्रहपञ्जिका, विवरण प्रणेयसंग्रह, न्यायमञ्जरी, सर्वसिद्धान्तसंगे, षड्दर्शनसमुच्चय, तर्करहस्यदीपिका, सर्वदर्शन-संग्रह, ग्रंथ पढ़े हैं तुमने...इन ग्रंथों का अध्ययन कर उसके बाद मुझसे बात करना।

आचार्य चंद्रकान्त : भगाओ इस साले को यहाँ से...इसका तो कोई धर्म है नहीं...दूसरों को भी विधर्मी बना रहा है।

(चंद्रकान्त मिश्र और त्रिभुवन दास के समर्थक मिलकर नास्तिक को पकड़ने दौड़ते हैं और नास्तिक भाग जाता है। मंच पर पूरी अव्यवस्था फैल जाती है। सब एक-दूसरे से लड़ने-झगड़ने लगते हैं...तुलसीदास मंच के कोने में पहुँच जाते हैं...उन पर प्रकाश पड़ता है और वे बहुत दुखी मन से पूरा दृश्य देखते हैं।)

दृश्य-9

(तुलसीदास के विरोधियों की एक बैठक जिसमें यह चर्चा होती है कि तुलसीदास की लोकप्रियता बढ़ रही है और उन्हें यदि जल्दी ही न चुप कराया जायेगा तो ये सबके लिए बहुत खराब होगा। इस बैठक में चंद्रकान्त मिश्र, गंगाधर पांडे, पंडित त्रिभुवन दास, भोला पंडित, रमाकांत और गजाधर मंच पर हैं। सब चिंता में डूबे बैठे हैं।)

रमाकांत : हम अपनी आँखिन से देखा है...तीन सौ लोग तो होइयें...

चंद्रकान्त मिश्र : जाने क्या बात है...खिंचे चले जाते हैं...तुलसी की रामकथा सुनने...

पं. त्रिभुवन दास : फोकट में सुनने को मिल रही है...यही कारण है...

गंगाधर पांडे : चिंता का विषय तो यह है कि यदि इसी प्रकार राम बोला की लोकप्रियता बढ़ती गई...तो काशी में क्या होगा...

भोला पंडित : *(पान मुँह में डालते हुए)* हम तो पहले कह दिये रहे...पंडित जी...उल्टी गंगा बहने वाली है...रोका न गया तो काशी को बहा ले जायेगी...

चंद्रकान्त मिश्र : *(बिगड़कर)* उल्टी-सीधी बातें न करो भोला... ये सब सहन नहीं किया जायेगा...

पं. त्रिभुवन दास : तो करोगे क्या ? बदनाम करके देख लिया...कोई

असर नहीं हुआ...हड्डी-पत्थर भी फेंके गये... फिर भी जमा हुआ है...घाट से भी उठा दिया गया...पर फिर भी हम लोगों के सीने पर बैठा... दाल दल रहा है...

गंगाधर पांडे : इस प्रकार हार मान लेने से कुछ न होगा...

पं त्रिभुवन दास : तो फिर किया क्या जाए...लगता है काशी अब वह न छोड़ेगा...

रमाकांत : आप लोगों की आज्ञा हो तो हमें भी कुछ करने का अवसर दीजिए...

गंगाधर पांडे : क्या करोगे रमाकांत...

रमाकांत : आप सब सज्जन लोग हैं...अब आपके सामने क्या बताएं...

पं. त्रिभुवन दास : फिर भी कुछ तो बताओ...

रमाकांत : एक बदनामी होती है पीठ पीछे वाली...और एक होती है आमने-सामने वाली...हम लोगों को आज्ञा दीजिए...तो तुलसीदास के पाप का प्रमाण सामने खड़ा कर दें...

गंगाधर पांडे : यह कर लोगे तुम लोग...

गजाधर : महाराज यही करते उमर बीती है...

पं. त्रिभुवन दास : अरे ये सब बातें हैं बातें...बातों से कुछ न होगा...

गजाधर : पंडित जी...हम बातें करने वाले नहीं हैं...अपनी आँखों से देख लेना...

रमाकांत : हाँ ये बात ज़रूर है कि थोड़ा पैसा लग जायेगा...

गंगाधर पांडे : अब छोटी बात न करो रमाकांत...

गजाधर : अरे पंडित जी जानते हैं...काहे को मुँह खुलवा रहे हो...

भोला पंडित : *(पान चंद्रकान्त मिश्र को देते हुए)* लेव पंडित जी पान खाओ...

(चंद्रकान्त मिश्र पान लेकर मुँह में रख लेते हैं।)

गजाधर : आप लोग आदेश कर दो तो पूरी काशी में कहीं भी तुलसी बाबा को रामलीला की जगह न मिलेगी...

पं. त्रिभुवन दास : ये तुम क्या कह रहे हो गजाधर...कहते हैं काशी नरेश भी रामलीला देखना चाहते हैं...

(सब चौंक जाते हैं।)

गंगाधर पांडे : ऐसा हो गया तो...समझ लेव...

चंद्रकान्त मिश्र : *(गंगाधर की बात काट कर)* राजा टोडरमल तो उसके संरक्षक हैं ही...काशी नरेश और हो जायेंगे...सोने-पे-सुहागा...

रमाकांत : बस दो ही चार दिन में काम हो जाए...तो बात बन जायेगी...

गंगाधर पांडे : बात कैसे बनेगी...

रमाकांत : पंडित जी भीड़-भड़क्के में दो-चार सौ आदमी होते हैं...भगदड़ मचती...मार-पीट होती है... लाठी-डंडा चलता है...तो उसमें किसको किसका पता चलता है...एक नपा-तुला हाथ लग जायेगा तो काम बन जायेगा...

चंद्रकान्त मिश्र : *(समझ जाते हैं कि ये लोग तुलसीदास की हत्या की बात कर रहे हैं। घबराकर कहते हैं।)* ये करोगे ?

गजाधर : और कोई रास्ता कहाँ है पंडित जी...

पं. त्रिभुवन दास : परिणाम मालूम है...

गजाधर : अरे अपराधी का पता चलेगा...तभी तो दण्ड मिलेगा...

चंद्रकान्त मिश्र : तो आगे रामलीला कहाँ होने जा रही...

भोला पंडित : अरे ये तो हम आपको बता देंगे...

गंगाधर पांडे : चलो देखते हैं...करते क्या हो ?

दृश्य-10

(तुलसीदास अपनी कुटी के सामने रामचरितमानस का पाठ कर रहे हैं। सामने बहुत से श्रद्धालु बैठे हुए हैं। एक गर्भवती महिला (बसंती) मंच पर आती है और तुलसीदास पर आरोप लगाती है कि उसके गर्भ में तुलसीदास की सन्तान है। तुलसीदास इसका खण्डन करते हैं। महिला के समर्थक गुण्डे रमाकांत और गजाधर तुलसीदास को पकड़ कर खींचते हैं। तुलसीदास के समर्थकों और गुण्डों के बीच हाथापाई हो जाती है। एक गुण्डा चाकू निकालकर तुलसीदास पर हमला करता है। तुलसीदास के समर्थक उसका चाकू छीन लेते हैं। मंच पर चंद्रकान्त और पंडित दीनानाथ आते हैं। इस बीच आवाज़ आती है कि तुलसी की पोथी ले लो। गजाधर रामचरितमानस की पोथी छीन लेता है रामू द्विवेदी झपट कर गजाधर से पोथी छीनना चाहता है। गजाधर पोथी को रमाकांत की तरफ़ उछाल देता है। आखिरकार पोथी तुलसीदास के हाथ में आ जाती है और वे उसे सीने से लगा लेते हैं। बहुत हो-हल्ला मचता है। तुलसीदास कहते हैं कि उनकी जाति चाहे जो हो उन्हें किसी से कुछ लेना-देना नहीं है।)

तुलसीदास : *(पाठ)*

श्रीगुरु चरन सरोज रज निज मनु मुकुरू सुधारि।
बरनउँ रघुबर बिमल जसु जो दायकु फल चारि॥

जब तें रामु ब्याहि घर आए।
नित नव मंगल मोद बधाए।
भुवन चारिदस भूधर भारी।
सुकृत मेघ बरषहिं सुख बारी॥

रिधि सिधि संपत्ति नदीं सुहाई।
उमगि अवध अंबुधि कहुँ आई॥
मनिगन पुर नर नारि सुजाती।
सुचि अमोल सुंदर सब भाँती॥

(बसंती चिल्लाती हुई मंच पर आती है। बसंती के साथ तीन-चार गुण्ड़े भी मंच पर आते हैं।)

बसंती : अरे तुमका कहाँ-कहाँ नहीं खोजा...इधर छिपे बैठे हो पापी...हमरे साथ तुम जो पाप किये हो उसकी तुम्हें कौनो चिंता नहीं है...

रमाकांत : पकड़ लेवो ससुरे का...अब कहीं जाने न पावे...

गजाधर : बड़ा भगत बना फिरता है...आज इसकी सारी भक्तई निकाल देंगे...

रामू द्विवेदी : ऐ औरत...कौन है तू...ये क्या बक रही है...

तुलसीदास : ये आप क्या कह रहे हो...हम तो इस औरत को चीन्ते भी नहीं...

बसंती : अब काहे को चीनोगे...जब पाप करना था...तो रात-विरात भी चीन्ह ले थे।

रमाकांत : अरे तुम चीन्हों चाहे न चीन्हों...बसंती तो तू चीन्ह रही है...

गजाधर : अब बसंती के साथ ब्याह करके एका घर बसाओ...

रामू द्विवेदी : ब्याह उससे करे जिसके साथ इसका संबंध बना हो...गोस्वामी से काहे को होगा इसका विवाह...

बसंती : तुम लोग का जानो...यही नास पीटा हमार ज़िन्दगी बर्बाद किहिसा ही...

तुलसीदास : ये सब झूठ है...पाखण्ड है...

(तीनों गुण्डे दौड़कर तुलसीदास को पकड़ लेते हैं। राम द्विवेदी और तुलसीदास के समर्थक भी खड़े हो जाते हैं कुछ लोग भाग जाते हैं। मंच पर चीख-पुकार मच जाती है।)

बसंती : चलो हमरे साथ ब्याह करो...

रमाकांत : अरे ब्याह करके पाप थोड़े ही धुल जाएगा...

गजाधर : पाप की सज़ा तो मिलेगी ही...

तुलसीदास : मैंने कोई पाप नहीं किया...

बसंती : एक-दो नहीं दस आदमी हैं...सब गवाही देंगे कि रात-बिरात तुम हमारे पास आते थे।

रमाकांत : हमने अपनी आँखों से देखा है।

गजाधर : हमने भी अपनी आँखों से देखा है।

रामू द्विवेदी : ये सब झूठ है...मन की गढ़ी बातें कह रहे हैं आप लोग...

(गुण्डे और बसंती तुलसीदास को खींचते हैं। रामू द्विवेदी और तुलसीदास के समर्थक उन्हें बचाने का प्रयास करते हैं। एक गुण्डा चाकू निकाल लेता है और तुलसीदास पर हमला करने की कोशिश करता है। तुलसीदास के समर्थक उसका हाथ पकड़ लेते

चाहता है लेकिन रामू द्विवेदी उससे चाकू छीनकर फेंक देता है। पोथी तुलसीदास के हाथ में आ जाती है और वे उसे सीने से लगा लेते हैं और मंच पर आगे की ओर आ जाते हैं। पीछे का दृश्य फ्रीज हो जाता है।)

तुलसीदास : *(दृढ़ता से)* सुन लेव सब लोग...खरी-खरी सुन लेव...और जो मन में आये सो करो। चाहे धूत कहो, चाहे अवधूत कहो, चाहे रजपूत कहो, चाहे जोलाहा कहो...हमको किसी की बेटी से बेटा नहीं ब्याहना...किसी की...जाति नहीं बिगाड़ना...तुलसी तो राम नाम का गुलाम है... जिसको जो अच्छा लगे कहो...हमने सब उनको दे दिया है...वे ही हमारी रक्षा करेंगे हम तो सदा ऐसे रहे हैं जैसे दाँतों के बीच जीभ रहती है... प्रभु की रीति है कि वे सेवक से सदा ही प्रेम करते हैं...प्रभु का प्रताप काल को भी खा जाता है...आप सज्जन हमारी चिंता न करें...हम माँग के खा लेंगे...मसीत में सो लेंगे...हमको किसी से कुछ लेना है न देना है।

दृश्य-11

(मंच पर टोडरमल बैठे कुछ पढ़ रहे हैं। उनसे मिलने तुलसीदास आते हैं। तुलसीदास रामचरितमानस *की पांडुलिपि टोडरमल के पास रखना चाहते हैं ताकि सुरक्षित रख सकें। टोडरमल उन्हें सीकरी जाने की सलाह देते हैं। तुलसीदास मना कर देते हैं।)*

(तुलसीदास का प्रवेश।)

टोडरमल : आइये गोस्वामी पधारिये...

(तुलसीदास एक आसन पर बैठ जाते हैं।)

टोडरमल : आपकी सभा को कल रात फिर कुछ लोगों ने बिगाड़ दिया था...मुझे ऐसी जानकारी मिली है गोस्वामी...

तुलसीदास : बनाने वाले बनाते हैं और बिगाड़ने वाले बिगाड़ते हैं...जिसकी रक्षा मर्यादा पुरुषोत्तम राम कर रहे हों उसका क्या बिगाड़ेंगे।

टोडरमल : सुना है आपकी हत्या का भी प्रयास किया गया था।

तुलसीदास : महाराज वे ऐसे लोग हैं जो दूसरों को कष्ट देने के लिए...अपने भी शत्रु बन जाते हैं।

टोडरमल : गोस्वामी इसमें तो संदेह नहीं कि ये लोग आपका बड़े-से-बड़ा अहित कर सकते हैं।

तुलसीदास : हमें अपनी चिंता नहीं है राजा जी...चिंता इसकी है...*(पांडुलिपि की ओर इशारा करते हैं।)* वर्षों की साधना है...यह सुरक्षित रहे...मैं रहूँ न रहूँ...उससे कोई अंतर नहीं पड़ता...

टोडरमल : हम तो चाहते हैं गोस्वामी कि आप भी रहें और आपकी रचनाएं भी रहें...न केवल आप रहें...बल्कि सुरक्षित रहें...सुखी रहें...सम्पन्न रहें...और रचनाशील रहें...

तुलसीदास : हम समझे नहीं महाराज...

टोडरमल : गोस्वामी *रामचरितमानस* की पांडुलिपि हमारे पास बिलकुल सुरक्षित रहेगी...और आप...

तुलसीदास : *(बात काटकर)* आप मेरी चिंता न करें महाराज...हम तो कहीं भी रह लेंगे...

टोडरमल : आपका कहीं भी रहना...उचित नहीं है गोस्वामी...आपकी जान के दुश्मन...आपको...

तुलसीदास : मार ही डालेंगे ना...महाराज हमें कोई भय नहीं है...इतने कष्ट उठाये हैं कि मृत्यु से भी भय नहीं लगता...इतना अपमान झेला है कि अब मान की कोई चाह ही नहीं बची...एक अनाथ बालक के रूप में भिक्षा का पात्र लिए दर-दर भटकता रहा हूँ...कुत्ते के समान लोग दुतकार देते थे...कभी भिक्षा मिल जाती थी तो पेट भर जाता था नहीं तो सरयू का पानी पी कर रात काटता था।

टोडरमल : वह समय निकल गया है गोस्वामी...आपने अपनी प्रतिभा का लोहा मनवा लिया है...

तुलसीदास : हमारे अंदर कोई प्रतिभा नहीं है...राम का नाम है जो सबको अपनी ओर खींचता है...हम क्या हैं...कुछ नहीं।

टोडरमल : जिस कवि से मिलने के लिए सम्राट इतने बेचैन हैं...वह बड़ा कवि ही होगा गोस्वामी...

तुलसीदास : यह तो उनका बड़प्पन है...

टोडरमल : गोस्वामी मैंने यह निश्चय किया है कि मैं आपको अपने साथ लेकर सीकरी जाऊँगा।

तुलसीदास : यह तो मेरे लिए बहुत सम्मान की बात होगी... पर सीकरी जाने वाली बात...*(धीरे से)* समझ में नहीं आती।

टोडरमल : इसमें समझने की क्या बात है गोस्वामी...महाबली के फ़रमान पर फ़रमान आ रहे हैं कि आपको जल्दी-से-जल्दी भेजा जाए...शायद सम्राट आपके मुँह से आपकी कविता सुनना चाहते हैं...

तुलसीदास : मैं सम्राट के सामने जाने योग्य नहीं हूँ...

टोडरमल : क्यों? इसका क्या कारण है?

तुलसीदास : हम चाकर रघुबीर के, पटो लिखो दरबार,
अब तुलसी का होइहैं, नर के मंसबदार॥
(कुछ देर के लिए सब चुप हो जाते हैं।)

टोडरमल : गोस्वामी सीकरी में कोई आपको इस बात के लिए मजबूर नहीं करेगा कि आप अपने विश्वास बदल दें...

तुलसीदास : पर सीकरी में क्या होगा महाराज?

टोडरमल : क्या मतलब ?

तुलसीदास : कुंभनदास का वह पद तो आपने सुना होगा...

टोडरमल : कौन-सा पद...

तुलसीदास : भक्तन को कहा सीकरी सों काम ॥
आवत जात पन्हैया टूटी बिसरि गये हरि नाम ॥
जाको मुख देखे अघ लागै करन परी परनाम ॥
कुंभनदास लाल गिरिधर बिन यह सब झूठो धाम ॥

टोडरमल : कुंभनदास और आप में बहुत अंतर है गोस्वामी...वे महाबली के पास गये थे और आपको महाबली ने बुलाया है। दोनों बातों में बहुत बड़ा अंतर है...बहुत बड़ा अंतर...आपको सम्राट ने निमंत्रण दिया है...

तुलसीदास : बड़े छोटों को महत्त्व देते हैं महाराज...यह सम्राट का बड़प्पन है कि उन्होंने मुझे बुलाया है पर...

(कुछ देर के लिए दोनों चुप हो जाते हैं।)

टोडरमल : गोस्वामी आपको एक खुशखबरी भी सुनाना चाहता हूँ।

तुलसीदास : क्या महाराज!

टोडरमल : महाबली ने आपके लिए एक उपहार भेजा है...

तुलसीदास : *(तुलसीदास आश्चर्य से)* मेरे लिए उपहार ?

टोडरमल : जी हाँ आपके लिए उपहार...और यह आदेश दिया गया है कि यह उपहार मैं आपको दूँ...और सम्राट को बताया जाए कि मैंने उनकी भेंट आपको पेश कर दी है।

तुलसीदास : मैं समझा नहीं महाराज...सम्राट मुझे क्यों भेंट भेजेंगे...

टोडरमल : गोस्वामी यह बात तो भेंट देखने के बाद आपकी समझ में आ जाएगी...

(टोडरमल ताली बजाते हैं और एक सेवक छोटी-सी एक थैली लाकर उन्हें देता है। टोडरमल थैली खोलते हैं उसमें से एक सिक्का निकालते हैं और उसे हथेली पर रखकर तुलसीदास को दिखाते हैं।)

टोडरमल : यह भेंट है...जो सम्राट ने आपको भेजी है।

तुलसीदास : ये क्या है महाराज...

टोडरमल : आप देखिए...देखते ही पता चल जायेगा कि यह क्या है?

(टोडरमल तुलसीदास को सिक्का दे देते हैं। तुलसीदास सिक्के को ध्यान से देखते हैं।)

तुलसीदास : ये तो मेरे आराध्य हैं, दशरथ पुत्र श्रीरामचन्द्र जी महाराज...और ये सीता माता...

टोडरमल : सोने का ये टका...राम टका कहा जाता है गोस्वामी...इसे महाबली ने ढलवाया है।

तुलसीदास : अद्‌भुत...हमारा मन तो आनन्द के महासागर जैसा हो रहा है।

टोडरमल : आपके आराध्य का महाबली कितना सम्मान करते हैं...यह तो आपको पता चल ही गया होगा।

तुलसीदास : धन्य हैं वह सम्राट जिन्होंने राम टका ढलवाया...

टोडरमल : मैं आपसे एक बार फिर निवेदन कर रहा हूँ गोस्वामी कि सीकरी जाने पर फिर से विचार करें...सीकरी में राम को महत्त्व देने वाला एक ऐसा सम्राट बैठा है जो दान-दया, बुद्धि और

मुकुट लगाये हैं। तुलसीदास उन्हें आश्चर्य से देखते हैं। अकबर तुलसीदास के पास आ जाते हैं। तुलसीदास उठकर खड़े होते हैं। अकबर तुलसीदास की तरफ़ देखते हैं।)

तुलसीदास : महाबली आप यहाँ?

अकबर : हाँ गोस्वामी...मैं यहाँ...

तुलसीदास : आँखों पर विश्वास नहीं हो रहा महाबली...

अकबर : मैं तुम्हारे सामने खड़ा हूँ।

तुलसीदास : मुझे यह भी पता नहीं महाबली कि आपका आदर-सत्कार कैसे किया जाता है?

अकबर : तुम्हारे लिए ज़रूरी नहीं है कि तुम वही करो जो मुझे देख कर दूसरे करते हैं।

तुलसीदास : पर मेरा तो यह कर्तव्य बनता है। आप हिन्दुस्तान के प्रतापी सम्राट हैं।

अकबर : *(इधर-उधर देख कर कुछ कमज़ोर आवाज़ में)* हाँ, यहाँ आने से पहले तक हम प्रतापी सम्राट थे। यहाँ से चले जायेंगे तो फिर प्रतापी सम्राट बन जायेंगे...लेकिन इस वक़्त नहीं हैं।

तुलसीदास : नहीं-नहीं महाबली, आप इस समय भी प्रतापी सम्राट हैं।

अकबर : (*बात काटकर*) सोचा वह जगह देख लूँ जो तुम्हें सीकरी से ज़्यादा पसंद है...(इधर-उधर देखकर) हमें लगता है गोस्वामी ये घाट...ये सीढ़ियाँ, पीपल का यह पेड़ और सामने बहती गंगा और आसमान में निकला पूरा चाँद...मेरी सल्तनत में नहीं है...

तुलसीदास : ये सब आपके साम्राज्य में है महाबली...आपका

साम्राज्य काबुल से बंगाल तक फैला हुआ है।

अकबर : हाँ...लेकिन ये जगह काबुल और बंगाल के बीच नहीं लगती।

तुलसीदास : ये कैसे हो सकता है महाबली...

अकबर : अगर ये हमारी सल्तनत में होती तो हम यहाँ न आते...

तुलसीदास : (*इधर-उधर देखकर*) आपके बैठने के लिए यहाँ कोई आसन भी नहीं है महाबली...

अकबर : राजगद्दी और घोड़े की पीठ पर बैठे-बैठे हम बहुत थक गये हैं गोस्वामी...अच्छा है यहाँ कोई बैठने की जगह नहीं है।

तुलसीदास : आदेश करें महाराज।

अकबर : चूँकि यह जगह हमारी हुकूमत में नहीं है...इसलिए यहाँ हमारा हुक्म नहीं चलेगा।

तुलसीदास : ऐसा नहीं है महाबली...आप आदेश दें।

अकबर : अगर हुक्म दे सकता होता तो देता कि हम यहाँ तुमसे सिर्फ़ सच सुनने और सच कहने आये हैं...

तुलसीदास : सम्राट और सत्य?

अकबर : तुम ठीक कह रहे हो गोस्वामी...हुकूमतें सच नहीं सुनतीं...न सच बोलती हैं...न सच देखती हैं। लेकिन कभी-कभी कोई सच की गिरफ़्त में आ जाता है...सच का शिकार हो जाता है...गोस्वामी पता नहीं कब, कैसे और क्यों हम भी सच की 'गिरफ़्त' में आ गये थे...

तुलसीदास : कैसे महाबली...

अकबर : हक़ीक़त और सच्चाई की तलाश में हम बहुत भटके हैं...'गुंग महल' का नाम तुमने सुना होगा...इबादतख़ाने में यह बहस हुआ करती थी कि इंसान को 'ज़ुबान' अल्लाह, ईश्वर या भगवान ने दी है या उसने अपने माहौल से सीखी है...हमने इस हक़ीक़त को समझने के लिए एक तजरुबा किया था, पाँच-छः बच्चों को, जिन्हें बोलना नहीं आता था एक महल में रख दिया गया था, उन बच्चों से कोई कुछ नहीं बोलता था। नतीजा यह निकला कि वे सभी बच्चे गूंगे हो गये...यह पता चल गया कि सच्चाई क्या है।...ख़ैर छोड़ो, इन सब बातों को...तुम अगर सच न बोले तो हमारा यहाँ आना बेकार जायेगा...

तुलसीदास : वेद, शास्त्र और पुराणों में कहा गया है कि सत्य के समान कोई दूसरा धर्म नहीं है...

अकबर : गोस्वामी हमें यक़ीन था कि तुम यही कहोगे...और हमारा आना बेकार न जायेगा...

तुलसीदास : अयोध्या नरेश श्रीरामचन्द्र जी महाराज और सत्य में कोई भेद नहीं है महाबली...उनका छोटा-सा सेवक सत्य की नौका के सहारे ही भव सागर पार करेगा...आप आदेश करें महाबली...

अकबर : आदेश और सत्य में मेल नहीं है गोस्वामी... हम आदेश नहीं देना चाहते...केवल तुमसे कुछ पूछना चाहते हैं।

तुलसीदास : पूछें महाबली...

अकबर : एक बहुत सीधा और सरल सवाल है तुलसीदास...तुम सीकरी क्यों नहीं आये?

तुलसीदास : ये सीधा सवाल नहीं है महाबली...

अकबर : जैसा भी है हम इसका जवाब चाहते हैं... टोडरमल और अब्दुल रहीम ने तुम्हारे न आने की जो वजहें बतायी थीं उन पर हमें यक़ीन नहीं आया था...हमारा हुक्म था कि तुम जैसे आना चाहो आओ, जिस तरह और जितना रहना चाहो रहो, तुम्हारा हर तरह से ख़याल रखा जाये...तुम जो माँगो तुम्हें दिया जाये...तुम्हें पूरी आज़ादी दी जाये...इस सबके बावजूद तुम नहीं आये... तुम एक बार सीकरी आ जाते तो यह इतिहास में दर्ज हो जाता गोस्वामी...

तुलसीदास : महाबली, आप भी एक बार मेरी कुटिया में आ जाते, तो इतिहास में दर्ज हो जाता।

अकबर : क्या तुम ये चाहते थे गोस्वामी?

तुलसीदास : महाबली अपनी सारी इच्छाओं का दमन करके यह तुच्छ सेवक अयोध्यापति श्री रामचन्द्र जी के चरणों में आश्रय खोज चुका है...और कोई इच्छा नहीं बची।

अकबर : हमारा सवाल जहाँ का तहाँ है तुलसीदास...तुम्हें क्या रोक रहा था सीकरी आने से?

तुलसीदास : आप महाबली हैं...आपका साम्राज्य बंगाल से काबुल तक फैला है...विशाल सेना है आपके पास...हीरे-ज़वाहरात, सोने-चाँदी के भण्डार हैं...लाजवाब नौ रत्न हैं...जैसा आपके दरबार

में है वैसा शक्ति और बुद्धिमत्ता का विरला मेल तो कम ही देखा गया है महाबली...फिर क्या कमी थी जो लोलार्क कुण्ड में बैठे एक राम भक्त के बिना अधूरी थी?

अकबर : तुम जानते हो गोस्वामी हमने हिन्दुस्तान के कोने-कोने से ऐसे लोगों को अपना नवरत्न बनाया है जिन पर किसी को भी गर्व हो सकता है।

तुलसीदास : महाबली क्षमा करें...क्या आप मुझे भी अपने गर्व का साधन बनाना चाहते थे?

अकबर : नहीं-नहीं गोस्वामी...हमें अपनी बात पूरी करने दो...पुरानी बात है...सबसे पहले खुफ़िया जानकारी मिली थी कि एक कवि अयोध्या से बनारस आया है जिसका नाम तुलसीदास है... वह मुकामी ज़बान में राम की कहानी लिख रहा है...बनारस के लोग उसकी मुख़ालफ़त कर रहे हैं...लेकिन उस पर जितनी सख्तियाँ की जाती हैं वह उतना ही बेख़तर होकर अपना काम करता है...यह सब हमारी दिलचस्पी पैदा करने के लिए काफ़ी था...राजा टोडरमल ने बताया था कि तुम एक लाजवाब शायर हो... तुम्हें सरस्वती का वरदान है...तुम्हारी सलाहियत लाजवाब है...तुम लफ़्जों के बादशाह हो... बयान के माहिर हो...उपमाएँ तुम्हारे पीछे चलती हैं...तुम्हारा कलाम सुन कर लोग तुम्हारे दीवाने हो जाते हैं...बार-बार तुम्हारे दर पर

आते हैं...यह सब सुन कर हम बेचैन हो गये थे...हमने राजा टोडरमल से कहा था कि वे तुम्हारा कलाम हमें सुनाएं...हमें याद है सर्दियों के दिन थे हम सीकरी में किले के परकोटे पर बैठे थे...टोडरमल हमें *रामचरितमानस* सुना रहे थे...और हम इस तरह सुन रहे थे कि पूरी दुनिया से बेखबर हो गये थे। *रामचरितमानस* की चौपाइयाँ चाँदी की घंटियों की तरह बज रही थीं...हमें पता ही नहीं चला कि कब सूरज डूब गया है और कब चाँद निकल आया...हम तुम्हारी शायरी के जादू में बँध गये थे...तुम्हारे तख़य्युल की गहराइयों में डूब गये थे...

सुंदरता कहुँ सुंदर करई।
छबिगृहँ दीपसिखा जनु बरई॥
सब उपमा कबि रहे जुठारी।
केहिं पटतरौं बिदेहकुमारी॥

तुलसीदास : महाबली, मैं श्री रघुनाथ जी के गुणों का वर्णन करना चाहता हूँ। मेरी बुद्धि छोटी है और श्रीरामजी का चरित्र अथाह है...मैं मन और बुद्धि से कंगाल हूँ...पर मेरी इच्छा बहुत बड़ी है जो कुछ उल्टा-सीधा बन पड़ता है लिख देता हूँ...यह जानकर कि लोग मेरी कविता का नहीं उनके नाम का सम्मान करेंगे।

अकबर : जो चाहो कहो गोस्वामी पर तुम एक अज़ीम शायर हो...और यही वजह थी कि हमने सोचा कि तुम्हें बुलाया जाये, तुम्हारे काम को आसान किया जाये।

तुलसीदास : सरल किया जाए या कठिन किया जाए?

अकबर : कठिन क्यों तुलसीदास?

तुलसीदास : मेरे विश्वास में दरार पड़ जाती...

अकबर : हमें तुमसे इस जवाब की उम्मीद नहीं थी...

तुलसीदास : क्यों महाबली...

अकबर : क्योंकि यह जवाब बहुत बड़े सवाल खड़े करता है। क्या तुम्हारा विश्वास इतना कमज़ोर है कि वह सीकरी आने से टूट जाता? क्या तुम्हारी भक्ति में इतनी ताक़त नहीं है कि वह सीकरी में तुम्हारी हिफ़ाज़त कर सकती...क्या सीकरी आने से तुम्हारा और श्रीराम के बीच यक़ीन का जो रिश्ता है उसमें दरार पड़ जाती?

तुलसीदास : नहीं महाबली...मेरा और श्रीराम का संबंध तो सृष्टि के निर्माण से पहले का है...अटूट संबंध है...तन-मन, वचन और कर्म से...

अकबर : फिर क्यों नहीं आये...

तुलसीदास : आस्था की परिधि बहुत बड़ी है महाबली... इसमें वे भी सम्मिलित हैं जो मेरे समर्पण का आदर करते हैं...पता चलता कि मैं अयोध्या नरेश श्रीरामचन्द्र जी महाराज के दरबार से मुगल सम्राट अकबर के दरबार पहुँच गया हूँ तो?

अकबर : हाँ...समझ गया...

तुलसीदास : (*कुछ ठहर कर*) एक बात पूछूँ महाबली...

अकबर : जो चाहो पूछो गोस्वामी...

तुलसीदास : आप सम्राट हैं...मैं साधारण-सा राम

भक्त...आपका आदेश होता तो मुझे गिरफ़्तार करके सीकरी पहुँचा दिया जाता...आप ऐसा आदेश तो दे सकते थे महाबली...

अकबर : क्या श्रीरामचन्द्र जी ने तुम्हें गिरफ़्तार करके अपनी भक्ति के लिए मजबूर किया था?

तुलसीदास : नहीं महाबली, नहीं...

अकबर : तुम्हें अपने सवाल का जवाब मिल गया गोस्वामी...तुम्हें गिरफ़्तार करके सीकरी लाने का क्या मतलब होता गोस्वामी जानते हो... ?

तुलसीदास : नहीं महाबली...

अकबर : वह हमारी शिकस्त होती...हमारी हार...सब क्या कहते...यही कि जलालउद्दीन मोहम्मद अकबर ने अपनी ताक़त का इस्तेमाल करके एक अज़ीम शायर को गिरफ़्तार करा लिया...किसी को गिरफ़्तार करा लेना बहुत आसान है गोस्वामी... लेकिन किसी को आकर्षित कर लेना...और वह भी तुम्हारे जैसे शायर को आकर्षित कर लेना... बहुत मुश्किल काम है...और हम मुश्किल काम ही करने के आदी हैं...इसलिए हम तुम्हें गिरफ़्तार करने का हुक्म क्यों देते...

तुलसीदास : समझ गया महाबली...

अकबर : प्रतिभाएँ हमें बेचैन कर देती हैं गोस्वामी...जिस तरह बच्चे खिलौने देखकर मचल जाते हैं...उसी तरह हम तुम्हारे जैसे लोगों को देखकर पागल हो जाते हैं...प्रतिभाशाली मुझे आवाज़ देते हैं... ललकारते हैं...चुनौती देते हैं...ऐसा क्यों होता

है...ये सवाल भी हम अपने आप से पूछ चुके हैं...जानते हो क्या जवाब मिला था?

तुलसीदास : बताएँ महाबली...

अकबर : चूँकि तुम सच बोल रहे हो इसलिए हम भी सच बोलने पर मजबूर हैं...जिस तरह एक म्यान में दो तलवारें नहीं रह सकतीं और एक मुल्क में दो बादशाह नहीं रह सकते उसी तरह एक मुल्क में दो महाबली भी नहीं हो सकते...हम महाबली हैं...बहुत चौंक जाते हैं जब हमें कहीं से यह इत्तिला मिलती है कि कोई और भी है... तो हम उसे तोड़ते नहीं जोड़ लेते हैं...हम अपने में शामिल कर लेते हैं कुछ लोग ऐसे होते हैं... जिन पर फ़तेह हासिल करना...बड़ी-से-बड़ी फ़ौज़ को हराने से मुश्किल होता है...हमारी नज़र में गोस्वामी तुम...

तुलसीदास : हम?

अकबर : हाँ तुम गोस्वामी...

तुलसीदास : कैसे महाबली?

अकबर : हम ज़िंदगी भर क्या करते रहे...जोड़ने की कोशिश...दीने-इलाही क्या है...जोड़ने की कोशिश...चारों तरफ़ कितना बिखराव है गोस्वामी ये हमें इबादतख़ाने में पता लगा जहाँ हम सभी धर्मों के लोगों को बुलाकर उनके विचार सुनते थे...हम देखकर हैरान थे कि एक ही धर्म को मानने वाले दो विद्वान आपस में एक-दूसरे से गली के कुत्तों की तरह लड़ते हैं...

हमने उस बिखराव को पहचान लिया था...हमें लगता था कि बिखराव को समेटे बगैर...कुछ नहीं हो सकता...तुमने अपने तौर पर अपनी तरह से और अपने अंदाज़ में इस बिखराव को समेटने की कोशिश की है...कामयाब कोशिश की है...उसे हम मानते हैं...ये सिक्का देख रहे हो (जेब से राम टका निकाल कर तुलसीदास को दिखाते हैं)

तुलसीदास : यह तो राम टका है महाबली...मैंने राजा जी के पास देखा था...

अकबर : सोने के इन सिक्कों को हमने ढलवाया था। इन पर राम और सीता की तस्वीरें बनी हैं...हम यह सब जब सोच रहे थे तो दरबार में ऐसे कुछ लोग थे जो दबी ज़बान से इसकी मुख़ालफ़त कर रहे थे...ख़ासतौर पर बदायूंनी ने तो हमसे खुल कर कहा था कि तस्वीर बनाना इस्लाम में मना है...हमने वजह पूछी थी तो बताया गया था कि अल्लाह ने सबको पैदा किया है...और किसी को इस बात की इजाज़त नहीं है कि वह अल्लाह की पैदा की हुई किसी चीज़ की नकल करे...ये बात हमारी समझ में नहीं आयी थी...इसका मतलब तो यह निकलता था कि हम अपने कुतुबख़ाने की सारी किताबें जलवा दें... तस्वीर भी एक इबारत होती है गोस्वामी...और उस इबारत को बहुत आसानी से पढ़ा जा सकता है...इसलिए हमने हुक्म दे दिया था कि ऐसा

सिक्का ढाला जाए जिसमें एक तरफ़ राम और सीता की तस्वीर हो...ऐसा हमने क्यों किया गोस्वामी?

तुलसीदास : क्यों महाबली...

अकबर : जोड़ने की कोशिश...हमने बनाने और जोड़ने की कोशिश में ज़िन्दगी गुज़ारी है और ये सब हम तुमसे भी सुनना चाहते थे गोस्वामी...तुम्हें सीकरी बुलाने की एक वजह ये भी थी...लेकिन तुम नहीं आये।

तुलसीदास : महाबली न आने का एक और भी कारण था।

अकबर : क्या?

तुलसीदास : महाबली क्षमा करें...सच बोलने का वचन दिया है...इसलिए पूछ रहा हूँ कि आपने मुझे बुलाया कैसे?

अकबर : क्यों तुलसीदास? क्या हम तुम्हें बुला भी नहीं सकते थे।

तुलसीदास : छोटा बड़े को नहीं बुलाता...बड़ा छोटे को बुलाता है।

अकबर : *(गुस्से में)* क्या बकवास कर रहे हो गोस्वामी...

तुलसीदास : आपने ही सत्य वचन की सौगंध दी है...आप जब यहाँ आये थे आपने कहा था कि यह कुटी, घाट, गंगा का किनारा...आपके अपने साम्राज्य के अंदर नहीं लगता...

अकबर : हाँ कहा था?

तुलसीदास : और मैंने झूठ बोला था महाबली क्योंकि उस समय तक आपने सच बोलने का वचन नहीं लिया था...

अकबर : सच बोलते तो क्या कहते?

तुलसीदास : कि यह आपके साम्राज्य में नहीं है...

अकबर : तुम कहना क्या चाहते हो गोस्वामी...

तुलसीदास : महाबली...रहीम जी ने बताया था कि आपको महाबली सम्बोधन बहुत पसंद है...

अकबर : हाँ है...

तुलसीदास : क्यों महाराज...

अकबर : ये भी कोई पूछने की बात है...

तुलसीदास : हाँ महाबली...

अकबर : क्यों?

तुलसीदास : इसलिए कि...(*बोलते-बोलते रुक जाता है*)

अकबर : बोलो-बोलो तुलसीदास...सच बोलने वाला निडर होता है...

तुलसीदास : क्षमा करें महाराज...आप महाबली...नहीं हैं...

अकबर : (*गुस्से से चिल्लाकर*) कैसे तुलसीदास...क्या बक रहे हो। हम...हम दो करोड़ लोगों पर हुकूमत करते हैं...हमारे ख़जाने लबालब भरे हुए हैं...क्या है जो हमारे पास नहीं है...हीरे-ज़वाहरात के ढेर...सोने-चाँदी के अम्बार... हमारे पास एक लाख से ज़्यादा घुड़सवार फ़ौज है...हम जब चाहें हमारे मंसबदार हिन्दुस्तान के किसी भी कोने में हज़ारों की फ़ौज जमा कर सकते हैं हमारे पास...'फ़तेह जंग' और 'किला शिकन' तोपें हैं जिनकी मार मज़बूत-से-मज़बूत किले के दरवाज़ों को तहस-नहस कर सकती है...हमें अपनी फ़ौज के पाँच हज़ार

जंग-जू हाथियों पर फ़ख़्र है...कौन है जो हमारे सामने खड़ा हो सके...कौन है जो हमसे टक्कर ले सके...और तुम कहते हो हम...महाबली नहीं हैं?

तुलसीदास : हाँ महाबली...हम सही कहते हैं।

अकबर : (*बिगड़ कर*) कैसे गोस्वामी?

तुलसीदास : सीकरी को प्रतिभाओं से सजाते हैं...और तब आप...महाबली कहलाते हैं...

अकबर : (*अकबर ख़ामोश हो जाता है। चिंता में डूब जाता है। निराश और हताश स्वर में*) तुमने वह सीढ़ी ही छीन ली जिस पर चढ़कर मैं...

तुलसीदास : आप जिसे चाहे सूली पर चढ़ा सकते हैं... जिसे चाहे तोप से उड़ा सकते हैं...जिसे जितना सम्मान देना चाहें...सम्मान दे सकते हैं...धन दे सकते हैं...आपका तन पर पूरा अधिकार है।

अकबर : तन पर?

तुलसीदास : जी हाँ शरीर पर...

अकबर : (*घबरा कर*) हाँ...हाँ...है।

तुलसीदास : शरीर पर अधिकार...समाप्त हो जाता है... महाबली...शरीर तो नश्वर है...हर शरीर नष्ट हो जाता है...तब अधिकार कहाँ रहता है...

अकबर : अधिकार...? अधिकार तो सबके ही खत्म हो जाते हैं...गोस्वामी।

तुलसीदास : ऐसा नहीं है महाबली...

अकबर : कैसे?

तुलसीदास : शरीर पर अधिकार समाप्त हो जाता है...पर मन पर अधिकार...कभी समाप्त नहीं होता।

(मंच के ऊपर से अकबर पर एक पोथी गिरती है। वह आश्चर्य से पोथी को देखता है। फिर दूसरी पोथी गिरती है।)

अकबर : ये क्या है गोस्वामी...

तुलसीदास : ये पोथियाँ हैं महाबली...

अकबर : इसमें क्या लिखा है...

तुलसीदास : आपकी महानता की गाथाएं...गुजरात और सूरत में आपकी महान विजय...बंगाल में आपकी विजय पताकाएं...कश्मीर पर आपके अधिकार का विवरण...बिलोचिस्तान और कंधार में मुगल सेनाओं की सफलताएं...और दक्षिण पर आपका अधिकार...विरार और अहमद नगर पर आपकी विजय...महाबली इन पोथियों में आपकी वीरता और शौर्य की ऐसी गाथाएं लिखी हुई हैं जो आपको अमर कर देंगी...आपकी बुद्धिमत्ता...और उदारता...और क्षमाशीलता की दास्तानें भी इनमें लिखी हैं...आपका नाम इतिहास में हमेशा के लिए दर्ज हो जायेगा। आप इतिहास में अमर हो जायेंगे महाबली।

अकबर : और तुम...

तुलसीदास : हम इतिहास में नहीं रहेंगे महाबली।

अकबर : फिर तुम कहाँ रहोगे?

तुलसीदास : वर्तमान में रहेंगे महाबली वर्तमान में...

अकबर : वर्तमान में?

तुलसीदास : सदा वर्तमान में...

('सदा वर्तमान में... वर्तमान में... वर्तमान में...' तुलसीदास का यह संवाद मंच के पीछे से प्रतिध्वनित होता है। यह आवाज़ 'फ़ेड आउट' होती है और उसी के साथ मंच के दाहिने और बायीं ओर से राम भक्तों की दो टोलियाँ संगीत बजाती, नाचती-गाती और दोहे का गायन करती मंच पर आ जाती हैं।)

परहित सरिस धर्म नहीं भाई,
परपीड़ा सम नहीं अधमाई
निर्नय सकल पुरान वेद कर।
कहेउँ तात जानहिं कोबिद नर।

(तुलसीदास और अकबर टोलियों के पीछे हो जाते हैं और दिखाई नहीं पड़ते।)

(गायन समाप्त होने के बाद सभी अभिनेता मंच पर आकर दर्शकों का अभिवादन करते हैं।)

□□□